U0942054

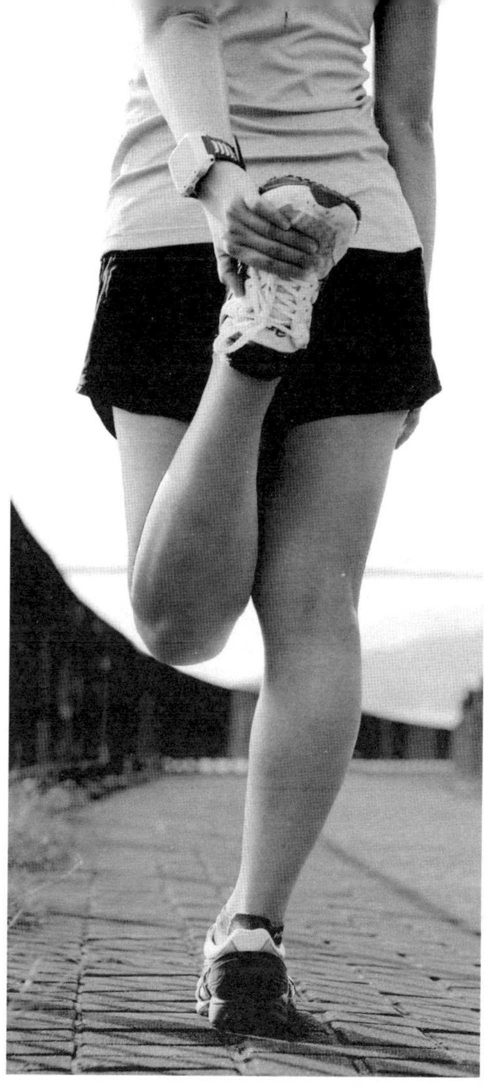

跑步上瘾

郑素素◎著

跑步时，我孤单
但——不寂寞
我们跨过了别人的眼光
孤独地去跑自己认为对的路
或许我们曾经迷失
但我们始终会在路上遇见

华中科技大学出版社
http://www.hustp.com
中国·武汉

图书在版编目（CIP）数据

跑步上瘾 / 郑素素著. -- 武汉：华中科技大学出版社，2019.6

ISBN 978-7-5680-4789-0

Ⅰ. ①跑… Ⅱ. ①郑… Ⅲ. ①跑—健身运动 Ⅳ. ①G822

中国版本图书馆CIP数据核字（2019）第057576号

跑步上瘾

Paobu Shangyin

郑素素 著

策划编辑：郭善珊

责任编辑：陈锦剑

封面设计：梁元高

责任校对：梁大钧

责任监印：徐 露

出版发行：华中科技大学出版社（中国 · 武汉） 电话：（027）81321913

武汉市东湖新技术开发区华工科技园 邮编：430223

录 排：北京欣怡文化有限公司

印 刷：北京富泰印刷有限责任公司

开 本：880mm × 1230mm 1/32

印 张：8.125

字 数：130千字

版 次：2019年6月第1版 2019年6月第1次印刷

定 价：59.00元

华中出版

本书若有印装质量问题，请向出版社营销中心调换

全国免费服务热线：400 - 6679 - 118，竭诚为您服务

推荐序

本书中有一节说到跑步的初衷，令我感触最深，作者谈到由玩乐追逐到竞技比拼，趣味渐渐失去，尤其在巴西里约热内卢奥运前的一年训练期，可以说是一种折磨。从前是因喜欢而去做，现在则有点是为了满足别人的期望和要求而去做，当然，这其中也会有挑战自己这一目标。

以前年幼无知时，我会疑惑跑得不快或潜质不高的人为什么仍要那么努力去训练，反正都没机会获得奖牌。但其实，享受竞赛、创造个人最佳成绩、在世界各国的马拉松比赛中占一席位，又或者如作者素素般单纯地以跑步作为强身健体、发泄压力的途径，又或者像我的先生家豪一样喜欢跑步后喘气的感觉等，也是训练的目的。跑步可以使人的心灵得到极大的满足，而且人的潜能有时是连自己都无法预知的。

2016年巴西里约热内卢奥运马拉松中国香港地区代表

姚洁贞

序言

在阅读本书开始之前，我很想与大家分享一个故事，有关独角马的故事……

＊＊＊

从前有一个国家，人们每日辛勤地工作，工作结束后与家人、朋友吃饭欢聚，从没有想过自己想要过怎样的人生。

这种生活习惯不用选择、不需用脑思考，大家晚上睡觉时已经很少人会做梦。每天人们都小声地问友人：“你昨晚有没有做梦？”许多时候，都看见对方摇摇头，叹口气说：“没有了，许久没有了，很想做梦啊！”小声说完后，像是生怕别人听见，赶忙用手捂住嘴，圆溜溜的眼珠子环视四周，还吓得出了一身冷汗！

不过，脑部尚在发育的小朋友还是有梦的，然而，有梦亦要静悄悄地做，因为如果被国王知道有哪位小朋友还有梦，该小朋友就会被士兵捉拿，带到皇宫将他们脑袋中仅余的梦强行拉出，然后用力地将梦丢在地上，尽情地踩踏。有人曾经见过梦的影子趴在地上嘶叫，继而窒息而死，化作一缕轻烟升上天空，还好，梦始终有个家可以回去……

有一位小女孩名叫素儿，是街上行乞的可怜孤儿。她身无分文，只能靠街旁餐厅的厨子接济，然而她内心存在着的珍宝，竟然就是国王四处寻找的纯真善良的梦！

国王面红气喘地对士兵叫喊："你们这帮废物！还未找到一个纯真善良的梦！我要凭这个梦引诱独角马出来，只有独角马才可以带领我找到失去了的梦，我要寻回属于我的梦！"

素儿这晚睡不着，便起身来到火炉旁取暖，她擦着双手哈气，望着窗外想着一直不明所以的问题："为什么母亲要把我的名字改作素儿？如果我什么都不是，为什么我还要有名字？既没有人唤我，亦没有人记起我的名字……"她一面想着，一面充满疑惑地看着天空。

一个温柔的声音响起："素儿，你好吗？很冷吗？坐在我身上吧！"

传说中纯白色的独角马出现在眼前。素儿情不自禁地爬上马背，双手捉住马儿的温暖的独角，内心突然变得很平静很快乐。

独角马拍拍双翼飞上了夜空，说："是你的梦唤我来的，在这个只能被动选择和无梦的国家，只有你值得我乘载你去感受星空的灿烂，你让我觉得在这个国度里还有知心人。"

素儿和独角马在森林里愉快地分享彼此的感受，却不知士兵已经包围了森林四周。原来独角马发光的身体已经被国王发现，国王对着素儿说："素儿！把独角马交出来，我会赏赐你任何东西！"

素儿倔强地说："你这个没有梦、没有知心朋友的人啊！你不明白我和独角马的相遇相知的感情是千金不换的，我是不会放手的！走！独角马！快走！"

独角马说："只要你叫我留下，我就会留下，因为只有你才有唤醒梦的能力！"

素儿着急了："走！不用理我，因为我还有梦！我会找到你的，你也会认得我的，对吗？"独角马不舍地飞走了，它心痛地回头看着素儿，心想："我会回来的！"

国王眼睁睁地看着独角马飞走，气愤地说："素儿，我要夺去你的所有，包括你的名字！你以后就是Nobody！看独角马还如何认得你！哈哈哈！"然后国王拿了一瓶果汁出来喝！"哈哈哈！哈哈哈！哈哈哈！"

这些日子，Nobody已经习惯了一个Nobody的生活，可是她内心还热切地等候着独角马的归来……

有一天，独角马终于出现了……

"你好，我认得你，你是我最熟悉的Nobody，是你的心、你的梦唤我，使我找到你的，我终于找到你了！"

Nobody说："我已经是Nobody，还配做你的知心朋友吗？"

独角马用温暖的独角蹭了蹭Nobody："傻孩子，你说什么呢？坐到我的背上，我带你去我所居住的地方，我的出生地。”然后他们一起飞上了天空……

如果你看见天上有一朵云，像一位长发女孩骑着马，那或许就是——

“Nobody rides on the unicorn”[①]

我们每个人的内心都活着一个纯真追求梦想的小孩……

＊＊＊

以写作为生，是我从小的梦想。

我还记得小时候看《明报》，心想若终有一天能够在《明报》上撰写文章多好，它对于我来说，就是一个殿堂级的形象。数年前，《明报》“客座随笔”和“世纪版”刊登了我的生活小品文章，我到现在还记得自己当时手执稿费支票，第一次因为稿件得到刊登而热泪盈眶的样子。我的梦想成真，从来不靠运气或天赋（因为我没有），而是靠着不放弃和不断尝试的勇气，也可以说，我之所以能梦想成真，正是因为我愿意忘记失败的痛苦，锲而不舍，屡败屡试。

我们小时候都有许多梦想，却从来不知道那些梦想是否切合实际，是否可以通过努力而实现，就好像爬山时走在迷雾中，眼前的路完全看不见，更不知道还有多远才能爬到山顶，然而我们要坚持走完这山路，因为只有走到终点，我们才能知道山

① 出自 Adrian Mitchell 著：《Nobody Rides The Unicorn》。

顶等着自己的是刺骨的寒风，还是毕生难忘的迷人日出。

记得儿时每次默书得一百分，父母都会用礼物奖励我。有一次我心血来潮让父母奖励我一本配有金钥匙的日记本，这日记本对我之后的人生产生了很深远的影响，我第一次拥有自己的秘密世界！我喜欢写什么就写什么，我的笔迹、我的思想不再局限于课本和画册。因着这个日记本，我的写作生涯自小学三年级便开始了。

虽然曾于校内写作比赛获奖，朋友们也时常给我鼓励，但对于自己在大学本科读的不是中文系这回事，心里始终有刺。何况，在中国传统文化所言的士农工商中，我是最底层的商人。我问自己："我这沾有铜臭味的笔杆真的可以感动人心吗？"

因为跑步，我的情感比以前更为丰富；更因为跑步，我认识了许多志同道合的朋友，了解他们的人生故事，让我的阅历倍增。尤其是那些身体或精神有障碍的跑友，他们通过跑步传达的人生的正能量，令我看见生命的曙光，更让我想用我的笔杆，扶起那些想放弃自己生命的人！

有一日，朋友突然问："素素，朋友创办的报纸在找写跑步题材的作者，你有兴趣吗？"于是，我开始为《am730》报纸写啊写，我的文章与另外两个言辞愤慨的前辈并排刊登在报纸角落，也开始有跑友在我的Facebook留言支持，亦有朋友说我写出了他们的心里话，我这才明白我们从跑步中获得的人生哲学，是我们得以沟通的一道桥梁，令我们的思想距离更近。记得某位前辈说过，一支笔比一支枪要更有力地影响别人的思想和行为。

许多跑友一开始以为我是记者，因为他们多通过阅读我的文章而认识我，殊不知，我只是一个满身铜臭味的商业人。但我对大家的故事真的感兴趣，因此愿意用我上下班时的乘车时间，不断地写和分享我的想法。

有一次，我出席了某出版社为某著名作家举办的文章分享会，当我们一众读者相谈甚欢的时候，坐在旁边一直观察我们的那位作者，突然有感而发认真地说："我不在乎你们是否有共鸣，我就是要写我认为对的事！"一室二十人都沉默了。

当时我觉得他的话很突兀，本来我没有特别喜欢他的行为或文章，但经过时间的沉淀，我现在变得很认同他，以至于欣赏他的想法和他当时的言论。虽然我不是作家，只是一个写作人，我许多的文章只是将思想以文字的方式搬到纸上，尝试去写出别人的故事和自己的故事。"说出来"只是一个过程，我并没有希冀有特定的读者。就像跑步，我们也不是为谁而跑，而是纯粹抱着"想做就去做"的心态，跑出自我！

不是人人都知道自己最想要做什么，梭罗[①]说过："知道自己知道什么，也知道自己不知道什么，这就是真正的知识。时

① 亨利·戴维·梭罗，美国作家、哲学家，主要作品《瓦尔登湖》。

间决定你会在生命中遇见谁，你的心决定你想要谁出现在你的生命里，而你的行为决定最后谁能留下。”

我们一直在做的事情，不一定非要别人的认同，但要从中找到属于自己的满足感，并一直坚持下去，这样才能活出自我！

在香港地区，写作不能赚大钱，这并不是稀奇事，就像为香港地区举办马拉松比赛的“香港业余田径总会”常说自己是“业余业余”的，我们对其希望和压力也不会太大，然而，要讨论业余和认真、廉价和优质，就如讨论云吞面是否能登大雅之堂一样，需要抱着开放的心态。我在业余中有认真，也有简单故事中的人生哲学，喜欢与否，随你。（不是我骄傲，而是不随你的话，我也不知如何是好，哈哈！）

我带着一身的铜臭味，希望继续我又业余又认真的跑步和写作人生。希望你们支持我这个寻找梦想的人。

目录

第一篇　跑者的初衷

从酒精上瘾到跑步（上）

笔者原从事广告相关的工作，回想毕业后那几年所经历的：不分昼夜地工作、一直找不到出路、不知不觉地对酒精上瘾、开始跑步后人生的大逆转，以致以跑步为职业……一切也是冥冥之中的安排吗?

以下笔者将为大家呈现一个最真实的自我，（深呼吸）我要开始了。

我三岁时与父母于大牌档吃晚饭，嚷着要试喝爸爸正在喝的金黄色、像汽水、有白泡泡在杯顶的饮料。

三岁时喝过的人生中的第一口生力啤酒，对我前半生的影响很大。小时候的我对于苦涩当然不喜欢，但谁知道长大后，对于此苦，却热切追求。

小学时曾经历人命伤亡的社会大事，老师要我们剪报做报告，然而我站在台上，只能哭而无法做报告，老师啊！你为什么要我们在那么年少的时候，就要面对残酷的现实呢？后来，树仁大学接收我读传理系，我却毅然决定主修工商管理专业中的市场营销，并兼修心理学，因为我知道自己坦率、爱抱打不平、傻大姐式的性格，于记者这一行，实属不宜。

少年愚痴，上大学后，我开始每晚于宿舍中喝上一支红酒的三分之一。很多人都说毕业后去内地工作是大势所趋，如果我去应酬而不懂喝酒，将会很不利，因此我给自己一个借口说要锻炼酒量。现在回想起来，我明白是自我的缺失和对父亲的怀念，才使我一步一步地踏上“酒精上瘾”这个疯癫的人生舞台。

毕业后过五关斩六将，拿到的第一份工作时就已跻身跨国广告公司（J 记和 O 记），我满怀雄心壮志希望创造一番事业。但天意弄人，上班前一个星期，我给自己的期望与压力大得令我全身出风疹，从脸到脚，红肿得一块一块的，我哭着紧抓医生的手绝望地问：“我会不会一生都这样？我的工作需要接见客户！”当时对在自己梦寐以求的公司工作，就是我人生的全部！

上班第一天，桌上放了我人生中的第一叠名片，我满心欢喜，像灵魂飞上天一样快乐。但后来每天工作至深夜十二时，甚至凌晨二时，走入洗手间看着自己的脸，我居然被自己吓着了。

在出租车上，我终于崩溃地哭了起来，开始明白自己不是这块料。

转岗到航空业和啤酒业的广告和市场营销部门后，我开始控制不了对酒精的过分需求，这症状时好时坏，有时一晚喝两升也不醉。有阿姐主管以观察市场的名义，领我到不同餐厅，一夜下来，喝了啤酒、清酒、红酒的我完全跟没事人一样。酒吧的老板也想挑战我，但最后他睡在了桌底。我的酒量，竟一时成为公司内部的佳话。

那时我喜欢追求生活糜烂、被物欲操纵的感觉，但体重也开始由四十五公斤增加至五十五公斤。看着镜子中那个肚大、粗臂、肥胖的自己，我当时羞得连短袖的上衣也不敢穿！就算在三十多度高温下，我也穿中袖上衣！

从酒精上瘾到跑步（下）

“生活就是工作，工作就是生活”，是许多香港人的生活态度。或许没有多少人认真想过这种态度是否合适，又可能因为要养家，所以并没有人作出什么反抗，近期甚至有人说我们中国人的奴性就是这样，但究竟是不是应该一辈子都这样呢？为自己的生命思考，虽然很费力，但确实有必要。

我每晚摸着酒杯的底部，放了假也只是吃喝玩乐。我在未开始跑步之前，从没有思考过人生的意义。毕业数年，我找不到自己的方向，就总用酒精来麻醉自己。幸好有一天，我在社交网站看到公司的广告代理商创作总监发布分享的跑步里数的帖子。他的跑步表可以记录所有分析数据，我看了又看，觉得实在太酷了，便立即“跟风”买了一只跑步表，从此，开始了我的跑步人生。

从从家乘车到运动场再开始起跑，到今天我通过跑步到达运动场；从刚开始跑三千米需要差不多半个小时（超级慢），到现在一步步踏上一百千米的距离，我深深记得第一次十千米和每次超越之前跑的最长距离时的那种激动，确实是每次都感动得流下泪来。

每次跑步完回家，我都会奖励自己吃含丰富草莓的奶酪，后来才发觉此举成功地减少了剧烈运动后的饥饿感。而我的饮食习惯亦很自然地开始改变，我想一定是脑内的物质“变异”了吧？我开始没有了以前对甜品或零食的那种渴望，反而对新鲜的蔬果有一种热切的需求。就这样，我自己一个人，每个星期跑一次，每次跑三十分钟，三年内就减掉十多公斤，而且没有橙皮纹。（很自豪吧？）

一路走来，独自跑步和坚持跑前跑后拉筋，我一直在持续进步，由以前的跑半马用两小时二十分钟进步至只用一小时五十九分钟，虽然这个成绩仍然不值一哂，但确实是自己努力的证据。记得村上春树常说，长跑给予跑步成绩（时间）和身体健康的回馈是很直接的。

现在跑步是我的生活的一部分，也是我的人生。我一步步地将职业、副业、兴趣转化为与跑步有关。有些朋友曾经问我是否觉得这样会收窄自己了？现在回头看看，我发现，跑步令我看见更大的世界。在跑步中，我遇见了许多不同的人与事，还有机会跑到世界各地增广见闻。

自我是狭窄了还是扩大了呢？跑者自有真正的答案！

威士忌与马拉松

我曾为数个苏格兰单一纯麦威士忌品牌做推广工作，当时我需要周游列国地去不同的机场观察和检查其价格和广告，其中往英国和中国台湾地区最频繁。他们对什么菜式，甚或什么甜品配上有多少年历史的威士忌十分讲究。

餐桌上装有琥珀般金黄色的威士忌的五个小杯上写着：十二年、十八年、二十一年、三十年、五十年。我正襟危坐，专业品酒师教导说喝每一杯威士忌要经过以下程序，才是正统：

拿起酒杯欣赏酒，观察颜色，摇一摇酒杯观赏酒在“挂杯”，用鼻子深嗅一下分析其气味，再慢慢地含一口分析味道，徐徐将酒吞下并感受酒滑下喉咙的感觉，再分析回味。

面前是一碟碟获得金奖的菜式和一杯杯高质量的单一纯麦威士忌，食物的设计何等精致，味道何等浓烈，布置何等高雅，然而我还是最喜欢煎酿三宝中的豆腐！

不过，品尝高质量的单一纯麦威士忌，却教我体会到和跑马拉松比赛一样的道理：可以很简单，也可以高深至极。品酒的各种说法如色泽、闻香、口感、余韵，就像我们跑步中所说的热身、慢跑、保持、加速、间歇跑、长课、“tape down”、马拉松、休息和再重复一样，你可以不遵循这些程序，但那就绝对称不上认真或专业，对我来说，那甚至是不尊重马拉松这项运动（对不起，我虽是业余运动员，但也尽量以专业精神要求自己）。

为了遵从以上程序，每次外出公干，我一定会带上一两套跑步服和跑鞋，就算外籍老板说晚上要和同事们畅饮，我也会乖乖地回到酒店，预备翌日上班前早起，在酒店附近跑跑步。那些日子，我就是在这样的物质生活和精神生活中度过的。

我们从小被教育要上大学、坐在写字楼工作；从小被告知蝴蝶和蜜蜂的故事，认定如果现在快乐，未来就会悲哀。但为什么追求快乐有罪？我的快乐是端着酒杯，还是汗流浃背地在太阳下跑步？

人们常常对生活或未来抱着太多心思、算计和忧虑，当我们不断向外寻求如何以物质来增加快乐时，才发觉一切喜乐皆从心而发。

如果快乐是无条件的，那你可以随时快乐，不被外来事物打扰，继续快乐，一直快乐。相反，如果快乐是有条件的，你就很容易不快乐。

如果我们为逃避无聊而去吃喝玩乐，吃喝玩乐过后，还是会无聊的。还不如用自己的双脚自由地跑到任何地方，静一静，想一想，就会发现快乐就在当下！

“现实只有一个。看见的未必存在，看不见的未曾消失。”村上春树在《1Q84》里这样说。

我们一直追求的不一定是物质，可以是快乐、爱、梦想。跑者悉听尊便。

跑出健美正能量

这几天我在思考胖的问题，除却先天基因的因素，有很多后天的原因可以导致肥胖。胖和丑不同，胖可以通过努力而减掉，然而丑却改变不了多少（不包括整容）。

看见自己完成毅行[①]后又瘦回来，我不禁思考胖的问题。未开始跑步前，我胖到接受不了自己穿短袖衫，更别说穿背心了。

现在坐车的时候，看见旁边的女士因为身形庞大，屁股或

① 毅行，源自中国香港特区，是市民自愿参加的徒步活动。

肩膀因要触及别人而无可奈何时，也不由得同情她，因为，没有人想使自己如此尴尬。

肥胖，也会增加患上睡眠窒息症的危险，以前有位同事，会突然在公司睡着了，而且气息也很重，睡眠窒息症让他有一定的生命危险。

胖了，也令爱跑步的人跑得很吃力，有着比之前重的体重，在三十三度的气温下奔跑，这种辛苦只有自己才明白。

每天在街上看到身形肥胖的人，我都会不禁想：他们是年纪使然，还是因为懒惰呢？在当今社会，大家都知道肥胖对身体的害处，许多人只有当出事的时候才去补救，但一时三刻又怎能补救得过来？也许你会说："我又要工作，又要顾家，如何腾得出时间做运动？"真的吗？我也只是一星期跑三十分钟，三年下来，体重也减了。当然，没有人逼你腾出这三十分钟的时间，但你需要为自己做点什么。

一个人的身形，会默默告诉别人你有多看重自己。如果连自己也不爱，那有没有能力爱别人就必然值得怀疑。了解一个人将时间用在哪儿，就会明白其是如何看待自己的。我不是说健美是必需，我只是试图想弄明白非运动界人士的想法。对于运动，要推己及人，并不容易，但我觉得跑者有这个使命。

近年来有许多人自杀，也看见报纸上常报道许多青少年犯罪，如果他们明白胺多酚的作用，或许他们就不用喝美沙酮？

如果人们活得积极一点，这社会会美好一点，人们的精神会健康一点吗？许多媒体将问题归咎于家长和学校给学生太大压力，但老一辈的人会摇头叹息："现在小孩的抗压能力比我们以前差太多了！"然而，大家知道跑步或运动能促进心理和精神健康吗？

你们对中学时期品学兼优的同学还有印象吗？我记得他们同时也是田径队和羽毛球队的精英，那时我已经疑惑：学业成绩和运动有关吗？我曾有幸以小学六年级全年级前三名的成绩升入区内名牌中学，可是到了初一，成绩怎么也跟不上，也曾被班主任训示而觉得我是懒惰，我也为自己的没用痛哭过。身边曾有一个同学用刀割手来宣泄，据说，他父母当时正在闹离婚……

初二时，我参加课外活动，与同学们报名参加长跑队，每星期环区跑三千米。当时我对于三千米完全没有概念！然而，跑过春秋，跑过风雨后，我对自己的学业成绩仍未能进入前百名，变得一笑置之，心想，排名这回事，每个人总有一个位置，我尽力便是。我这个学习成绩差劲的人，通过长跑，建立起自信。因在长跑比赛中获得亚军和在征文比赛中获得优异奖而踏上礼堂的领奖台，接受全校同学如雷贯耳的祝贺的掌声时，那一刻我明白：学习成绩不是我的全部！没有长跑，就没有今日的我！

运动能促进人脑中血清素和胺多酚的分泌，令人情绪稳定，建立自信，提高抗压能力。已有数位跑友证实，跑步令他们的焦虑症抑、郁症不再复发。而且跑步还能促进肠道蠕动，小肚腩就一定没有了！而且运动期间使人不断流汗会令体内毒素有效排出，成功提升皮肤素质。

很开心，我能够逐渐影响母亲和亲戚朋友，现在他们一星期也会跑步几天，而母亲更会在下班后跑步一小时才回家。那天，我看见一群太太穿得美美的、叽叽嘎嘎地去上跑步班，看到她们去尝试体验运动的快乐，我很开心。我相信，总有一天，她们也会为自己作出更好的改变而自豪！

跑步的初衷

偶然有机会参加十千米挑战赛，我原本也没有想要去参加。我一直觉得如果决定参加比赛，就应该认认真真地特训，注意饮食，练习速度（尤其是跑十千米的比赛），因此我为自己定了一套原则，一年只参加两三个比赛就够了。这样对自己的约定，限额参加渣马、联合国儿童基金会慈善（UNICHEF charity run）以及香港环岛跑，那也差不多了吧？但听说马鞍山海滨长廊景致宜人，我内心痒痒的，便决定去跑！放下比赛的包袱，为那迷人的景致去跑吧！

到达会场，UMT（Ultimate Marathon Training）朋友一起谈论近况，是我较早前参加的为期三个月的马拉松特训，由距离、速度、肌肉荷重、饮食、休息、物理治疗等组合的训练；早年“Nike Running”从数百名选手中挑选约三十名参加年度特训，为渣打马拉松做准备），大家似乎都有伤，有的连续跑太多而伤了；有的在晚上跑步时不小心被石子绊倒了；有因渣马跑得太疯狂了，膝盖一直有点怪怪的感觉。另外，还有朋友跑得膝盖骨移位！而我呢？可能因为所穿的跑鞋已经跑了差不多六百千米，脚板弧形位置的软垫已渐趋扁平，不能有效支撑我的扁平足，导致脚掌有点怪怪的感觉。（我又有借口要买鞋了啊！）

有朋友看见我这阵子对跑步的热情，与我说起他以前对马拉松的热爱比我更甚，他曾到世界各地参加马拉松，但因为受伤，已经好几年没有跑步了，现在转练习单车，说那是对膝盖的压力没那么大的运动。

以上的种种，令我听后恻然，我担心我们忘记了一件十分重要的事，那就是“跑步的初衷”！

我们跑步的初衷是什么？回想你第一次跑步时，很难，但很快乐，对吗？我们所向往的就是那种简单的快乐！每个人对快乐的定义或许不同，但跑步给你的纯粹感，你体验到多少？

跑至自己完全陌生的地方，看见红花绿草，瞥见花猫在阳光下慵懒午睡，听到海浪的沙沙声，与一起同路奔跑的陌生人点头互勉，跑步时脑袋放空，完成二十多千米时的感动，挑战自己的极限，跑完后喝第一口冰冻的水……这些都是很私人、很纯粹的快乐。

但当你与别人比较，甚至与以前的自己比较时，压力便随之而来，跑步的初衷便开始变质，变得逐渐忘记本原，而去追求一些现在回首看也觉得不值一哂的目标。

十千米挑战赛，男子组迎面跑来，冲往终点，看他们的脸就知道他们是哪类人。许多人都只是低头或昂首在跑，有些跑至七千米时就面容扭曲，有多少人看到自己身旁的大海、从天上冲下海觅食的海鸥、海上一层层的白色浪花、沿岸的杨柳和开得十分灿烂的洋紫荆？还有年迈的公公婆婆沿路驻足对我们微笑以示支持……想起这一切，我更加明白我跑步的初衷，就是感受那纯粹的快乐。

纯粹，没有杂质的纯粹；快乐地接收来自大自然的礼物；不追求数字，不追求我先你后。跑步如是！人生亦如是！

跑到受伤了，不能再跑了，你会快乐吗？跑得太多，想起要跑都怕了，你会问自己为什么吗？跑步的初衷是什么呢？比如，大公司给你令人欣羡的，却不是自己喜欢的工作职位，你会做得开心吗？品牌推广的初衷又是什么呢？

我知道我的初衷就是欣赏沿途的风景，你呢？

当然，这并不代表我不重视长跑 PB（Personal Best，即个人最佳时间），只是我知道，如果我们忘记初衷，很快我们会因为受伤或暂时的退步，而失去原动力，继而跑不下去。像村上春树先生跑马拉松快二十年了，在比赛前他也会每天跑十几千米。对！是每天！比赛后他也会休息几个月，才再重拾跑步的乐趣！

要爱，就让我们不因受伤，不致心灵疲乏地爱下去吧！

日跑夜跑，你精神有问题吗？

我的跑步生涯已踏入第六年，在跑步中结交的朋友也逐渐地增加，许多新晋“跑友会”的朋友用热切的眼光望着我，询问如何获得最新跑步信息？应该参加什么跑步班？跟哪个教练？最终极的问题是跑步手表在哪里买最便宜？其实以上所有问题，我作为你的朋友，会对你说：“在问别人什么是最好的之前，请先问问你自己最需要的是什么呢？”

而作为市场营销人员，在别人未知自己想要什么之前，我们的工作就是要通过各种媒体，告诉你“其实”最需要什么！

同事和老板有时也会赞叹我推广的效果，不过要说成绩，没有跑友的支持，又何来效益？

虽然我的本行就是通过媒体进行市场营销，但是现今媒体信息泛滥，我在这旋涡中，有时也会迷失于一张又一张的跑步、跑山的相片里。

我于二〇一六年一月份完成了人生第一个香港一百千米越野赛（HK100）。之后发现自己有点创伤后遗症，身心疲惫，就离开跑步团体大约半年的时间，但每逢星期四、六、日，当我看着社交媒体上充斥着跑友们或比赛或训练的相片（为什么是星期四？因为那是许多跑友会训练的日子），就像看见以前的自己，在N记品牌的活动中，站在一群人的中间……突然我觉得自己像站在地球以外的小王子，呆呆地发现了以前被蒙蔽的事实。

我开始怀疑大家是否过火了？我们于一件事的极度投入，除了真正喜爱，还有什么因素以至于由早到晚、星期一至星期日也都在跑步？

“你这个星期有什么比赛？”朋友问，我回答说没有。他瞪大了眼：“你的脚没有事吧？你病了吗？”我听到后，不知是生气还是好笑，不比赛、不跑步，我就不能去看画展吗？不能与非跑友促膝喝酒谈天吗？不能看我最喜爱的作家的书吗？

或许，我们自己知道我们日跑夜跑其实在逃避什么。当我与一些跑友探讨这个问题时发现，原来跑友甲的家中奶奶与母亲经常斗气。跑友乙刚离婚，跑友丙是炒股高层，需要减压。跑友丁的丈夫轮班常不在家……我不是说每个跑友都有上述问题，但我可以断言，我们都是满身疮疤、经历人生难题的同路人。

无论我们这些热血跑者背后，存在着什么有关生活故事、甚至生命的议题，但与问题共处，一边让问题随着时间逝去而消失，一边寻求答案，就是我常瞪着一双好奇的眼睛，问这问那的原因。

为自己相信是对的事和想法而去坚持，无论那是小的一个嗜好，如跑步、对一个人的感觉，还是大的如对政府或人生态度的价值取向，我们都应有自己的一套想法。无论那是世俗所认为的对还是错，我们都应有自己的立场！其实，跑步本身没有多少对错，我们又为何要想是否有问题？

与问题共处，忘记背后的故事，继续跑在路的前方，你会发觉问题会突然消失无踪。你可能会有些惆怅，但也有些庆幸，那可能是我们的小确幸（小小的、确实的幸福）。

如果爱，如果不爱

九月是跑季开锣的月份，各大运动品牌商蠢蠢欲动，争相赞助跑手穿上自己品牌的运动服饰，不管是为了吸引人们参加它们的马拉松训练班也好，还是想提升跑手对他们品牌的认知也罢，他们各出其谋，令人眼花缭乱。我近月醉心于练习毅行，每逢星期六、日，麦理浩径[①]便成为我的家，走足二十多个小时，真是走到想哭出来。更由于毅行，我每星期不能放肆地以

① 香港地区一条著名的徒步线路，全长 100 千米。

往月的里数跑，以防未正式开始毅行之前，肌肉就已经因为过分锻炼而积聚疲劳乳酸……

爱跑但又要抑制自己，这种心情，有多挣扎与心痛，只有跑者才懂。

碰巧一位教授朋友介绍我使用呼吸肌肉训练器，说此训练器锻炼肺部呼吸肌肉，可以逐步增强呼吸耐力以及容量，延迟肌肉疲劳乳酸的积聚，令运动表现能够更上一层楼。我作为被试验的对象试用了十多天，呼吸是比之前更深了，但是否能令运动表现改善，还需用上一至两个月。跑友问我：你不是一向不介意跑步的成绩吗？为什么还要试？我听后也呆住了，然后问自己，是的，这是为了什么？

或许作为一个炽热的跑步爱好者，甚或作为一个人而言，我也想让自己能够不断进步，而非停滞不前。另外，我也尝试去参加不同的跑步教练的课，增长知识，更新自己对跑步的了解，提升眼光。如果爱，我们就不怕辛苦；如果不够爱，我们就不会每个星期六日相约早上八时开始热身和起跑，跑足四小时或走山路二十小时。对于非跑者而言，我们的行为简直匪夷所思！“只要有一种无穷的自信充满了心灵，再凭着坚强的意志和独立不羁的才智，总有一天会成功的。”莫泊桑说。

非跑友问我，为何要这样辛苦地不断跑？我看着他的眼睛，说：“不如你绑好鞋带，跑个三十分钟，你就会明白。”一个人能够静心与自己相处，接受自己的好与坏，才是真爱。

在这半年间，我学习面对黑暗时的恐惧、自己内心的丑陋（而且我也不避讳表露于人前），只有坦诚，才能接受自己，我甚至不在乎别人是否接受我的愚昧或懦弱，因为我已经接受自己。

寂寞和孤独是两种完全不同的状态。孤独在于独处的时候，当你孤独，你不一定感觉寂寞，因为你的心很圆满，很喜欢自己，对人生很好奇，许多新鲜的东西等你发掘，你满心快乐，内心充满爱并且满溢，迫不及待地要与人分享。

当你完全享受独自一个人的时候，才有资格去爱别人，因为这样的爱并非占有、控制、忌妒，以及愤怒。

而寂寞是内心空虚，想要有另外一个人或事物来填满，他们瞒骗自己说那是爱。不论你是因为觉得人有我无，又或者是因为无聊，才去找一个人或嗜好去爱（大众所认为的爱），那都是很寂寞的表现。

喜欢很简单，爱却属于很高层次。当人们误以为爱是占有、操控、忌妒的时候，其实那就是很寂寞的表现。内心圆满的人才有足够的爱去爱别人，因为爱是简单、直接、分享与好奇。懂得享受孤独、爱自己，才有资格去谈下一步。

你可以再次站起来，与自己去跑步了吗？

跑步就是燃烧自己

默默地踏上长跑生涯已第六个年头。时间飞逝，在六年前开始跑 3 千米的时候，我从来没有想过自己可以跑 30 千米，然后又想去挑战 42.195 千米！除了训练耐力，我也在心态上学习拿捏得稳当，因为跑步是会上瘾的，如果不好好控制自己，身心都会受到伤害。

如果在比赛的上半程，刻意追上其他跑手的速度，我们很可能会在下半程中喘不过气来，要注意不被别人影响，跑出属于自己所计划的步数。这一点说起来非常简单，但与别人比较的心态是无法避免的。没错，有竞争才有进步，但要明白自己此时此刻的实力，能够使身体舒服的感觉持续到明天是最重要的。但这并非人人可以做到，若不小心因跑受伤了，要恢复健康的身体，就不是一时三刻可以做到的。

我因为要储里数，让自己每星期累积跑 30 至 40 千米，这样才能有跑全马的体格。我也做手、背、脚的举重，以增加肌肉，如此才能承受一口气跑 42.195 千米的挑战。跑者会说我认真，非跑者会说我太疯狂。当我对跑者说:“我四天没有跑步！”跑者惊讶地问:“你没有病吧？怎么可能忍受四天不跑步？”当我对非跑者说四天没跑步时，他们就会沉默几秒，说:“只不过是四天没跑步，你不用说得跟犯了罪似的！”想要在这些人中取得一个中肯的回应，实在不容易。

村上春树在《关于跑步，我说的其实是……》中说，庆幸自己要通过相当的付出才能达到自己的目标，比起他的妻子，他要持续地训练才可维持健硕的体魄。相反，他妻子吃了许多东西，没有慢跑，却能一直苗条下去，说上天不公平，一点也不过分，不过“在每个人个别被赋予的极限中，希望能尽量有效地燃烧自己，是跑步的本质，也是活着的隐喻”。要怎样燃烧自己，从来都没有准则，从来都是你自己的选择。

跑步认真与否主要在于个人，有些人劝我参加跑步课，以争取更佳成绩。不过，像我这样活在群体之中的人，很珍惜独处的时间，坦然地与自己相处。听听歌，看看树，庆幸自己有双脚能跑、有双眼可看，感受凉风吹拂皮肤的快意，可以心无旁骛地笑，甚或呼吸……这些简单的快乐，不是每个人都有幸得到！

一个人的主观感觉从来不分对或错，我们有言论自由，却没有资格去批判别人的想法或生活。去拼酒六七个小时比较对？还是深夜去爬山六七个小时看满天星星，然后早上六点在凤凰山顶看日出比较对呢？不同的人自有不同的答案。

那晚十一点半，我由梅窝攀上凤凰山顶再走到东涌，总共行走了八个小时（二十六千米），多谢同行的支持，我才能克服恐高心态攀上山顶，全靠朋友奋力地又推又拉我才能上去，万分感激！

我走到快要累死时高呼："我以后不参加'Moontrekker'！"但当我看到满天的星星和灿烂的日出时，活着的感觉在当下是那么深刻和实在。我想，或许我可以再试一次！因为跑步就是燃烧自己！

愿我无知，赤子之心不变

夏天将至，我安排游泳和三铁教练接受媒体的访问，希望通过专访让大众知道三铁和越野跑是夏天运动的不错选择。

记者访问三铁教练及一位准奥运游泳运动员时，才发觉还有许多运动方面的知识自己从来都不知道。人们常自以为知道很多，但往往很无知；当你知道自己无知时，才会开放怀抱去接受新事物。

孔子说过："知之为知之，不知为不知，是知也。"能清楚分辨“知道”或“不知道”，且能诚实面对自己，不加掩饰，正是“真知”的真正涵义。

昨天无意中看到年前自己写的随笔，那时候还停留于疑惑自己文章的好与坏，怕自己写得不够好，经过两年来大家的鼓励，我明白分享想法才是写文章的最终目的，如村上春树所言，像有一股奇妙的力量令你去吐出故事或写文章。

此后，我对生活、对跑步的感觉变得很不一样，加上这两天与一些跑友相处时间较长，他们不约而同地说我有一种特别的感染力。

从以前别人以为我只想减肥或为了吸引男生而跑步，到现在，J女士说：“发觉你喜欢独自跑步，才知道你不是因吸引男生而跑。”（我：……）

B先生说：“这次的大阪马拉松，我学着像你的文章所言，不一味地追时间，而是看看周围当地市民为自己热情打气，原来也可以很开心和感动！”

K跑友说：“我一直没有留意蔡东豪，因为你在Face book转载，我才关注并发现，跑步也是哲学！”

“是你令我有勇气挑战自己，当我不相信自己的时候，你先相信了我，多谢你！”

我曾想过如果那个跑步活动不是我做策划，来的人会不一样吗？他们对活动的感受会不一样吗？

我除了感动，也说不出其他话了。我希望大家对人对事，保持赤子之心。当遇上疲倦、暗淡、迷惑时，就像深夜中跑在无人的大潭水塘上，除了相信自己可以跑出黑暗外，别无他法。只要再多坚持一点点，就会发现前方微弱的光线和友人的欢呼在等着你。人生像毅行者，不要因心急着到终点，而减少对沿途的欣赏！

我们在人生的路上一直走，除了要坚守自己选择的方向，有时候，我们不一定要一直不停地在走，我们可以停下来思考一下，在下一个分岔口要左转，还是右转？停下来，才能面对自己跑了这些年仍有的无知和好奇。

回家的路很短也很长，不一定全程舒适惬意，有时还可能惊险万分、迷惘不断，但必定有其意义和需要学习的地方。

无论怎样，向着当初赤子之心的方向走吧！

第二篇 跑进内心恐惧

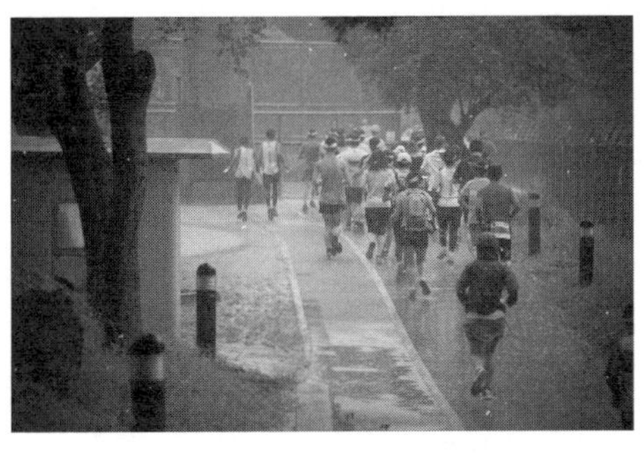

跑者的忧郁

作为一个跑者，就算对跑步有多么热诚，还是会有低潮期，这就是所谓：跑者的忧郁（Runner's Blue）。

我早前参加了一个慈善环岛跑，在大风大雨的天气下，于凌晨两点开始，跑了四个多小时，足足跑了38千米（虽然还要加上4.195千米才是全程马拉松），我全身湿透，又恰逢生理期。及后一星期，我产生了不想跑、不想再接受训练的“症状”，那是“马拉松症候群”。

跑者最经常做的事，就是在跑步时与自己对话，我问自己：

你怎么了？然后我突然想起村上春树曾在著作中提及“心理上的倦怠”，我可能因为得不到想要的成绩而产生心理倦怠。“这就是人生，也许我们唯一能做的就是接受。”村上春树在《关于跑步，我说的其实是……》中这样说。

好一个“接受”！这是我于年轻的时候，不太能做到的事情。接受自己一时的失败；接受我对生命中许多事情的无力；接受社会上的不公平。活了这么多岁月，我对许多事情仍是不明不白，当我很迷茫不知道如何自处时，我感激，我遇上了跑步！

在跑步上，一点一滴的努力令我发现原来在这个世界上，还有一些事情能够因为自己的坚持和努力而获得正面的、相对的回馈。这种回馈让我时刻记得我对跑步那份最初的感动。

通过在心中与另一个积极开朗的自己对话与思考，我渐渐接受了自己因为欠缺训练，而跑步的速度比去年慢了的事实，我开始寻求适当的治疗：用另一个角度去看待跑步。

海明威和村上春树也曾说过，如果想长久做一件事，就要确保将舒适的感觉延续，或许跑步如是，写作如是，生活更如是。

于是，我开始在跑步时看看四周的风景，而不只是专注于自己的呼吸、速度、成绩、里数，于是我心中渐渐滋长出一点其他什么东西。我碰巧看到《跑者世界》（Runner’s World，美国权威跑步杂志）对马拉松的典故和变迁的重温，一九六七年，美国波士顿马拉松官方尚未批准女性参加马拉松比赛，勇敢的Katherine Switzer用“K.V.Switer”的名字蒙蔽了组委会，取得了参赛号为“261”的号码布，并参加比赛，她被主办单位粗鲁拉扯，要她立即离场！当时的美国传媒广泛报道此事件，并提出了女性也有参加跑步比赛的权利。“261”，从此成为了无惧、决心跑出去的代名词。

我从来不知道，女性要经过一番斗争才可以有跑马拉松的权利！原来一些我们以为理所当然的事，曾经或者就是在现在在有些地方也仍然被认为是罪大恶极的行为，我们真的需要为可以自由奔跑而感恩！

既然持续跑步可防癌，提高专注力，甚至能使人看上去比实际年龄年轻，那为什么还要这些“跑者的忧郁”呢？

现在就穿上跑鞋跑步去！谁说我们跑步只为成绩？谁说参加比赛就是为了获奖？跑步就是为了让自己快乐！追求快乐，天经地义！我们现在就踢走忧郁，跑进快乐！

（本文写于二〇一四年，港大百周年慈善环岛跑赛后）

跑进恐惧

在越野跑方面，我可谓“初生牛犊不怕虎”，常大胆得不先试探一下路，甚至没看过路线图就报名参赛。别人总觉得奇怪，为何我如此冲动任性？其实，谁的一生中不曾做过愚昧的事？就是这种踏进未知的怦然心跳、毅然冒险的旅程，令我们有活着的感受，心动的机会。

二〇一五年，我参加了两个对我而言比较艰苦的越野赛。一个是徒手爬石、游绳穿林、不停步走上香港地区第二高的凤凰山；另一个是越过白芒、大东和二东山，共爬升 1922 米，下降 2032 米。

从小恐高的我，一边走在崖边，一边因为恐惧而脚软，内心问自己怕什么啊？内心的小声音回答："怕跌下山啊！"我说："那么多人都不会跌，你怕什么啊？"内心的小声音回答："谁能说得准啊？"

恐高分两种，一是生理恐高，即在高山或崖边时呼吸困难、眩晕或觉得生命受到威胁；一是惧怕高处的人或事物（比如，害怕追求更高更好的东西或人脉），看到比自己强的人或事物而自卑、退缩，就是心理上的恐高。

与其被无尽的恐惧蚕食自己，不如坦然面对。有人说要持续逗留在足以引起恐怖情绪的高处三十分钟，并且有规律地不断重复这一行为，直至恐惧的感觉完全消失，才能真正战胜自己的恐惧。我想挑战一下自己，于是我撑着登山杖，在凤凰山的石级慢慢转身向下望……啊！那海天一色的美景啊！那是人一生一定要走一次的山林！绵延的山脉，一个接一个地叠在云海之间。我感慨自己曾几何时也走过毅行100千米，为何从来没有停下来远眺风景？就是因为怕连累别人？回头一想，实在不知其所以然呢！

我在比赛的路上遇到许多不同的人，很多时候全程我也只是看着别人的背在跑，然后一起到达了终点，我们才终于能够面对面谈话，细说比赛时遇上的种种状态。

人生路上，有许多我们或许只会碰到一次的人，可能永远也不会再相遇，所以千万不要错过这唯一的机会，对不同的跑友，以微笑相助吧！

雷雨中第一次脱跑

重新开始中学年代放弃了的长跑活动已经有二十一个月，无论是从生活中的饮食习惯、睡眠，还是游玩时间的安排，甚至身形、体重、皮肤素质，或者心理上对自己的要求，我在毅力和自信上都有莫大的转变，在这里，我必须感激让我重新开始此运动的人与事，也多谢大家一直见证我的成长和进步，我真的觉得造物主为我铺了一条极有意义的道路！

在网上看见“Lunar Run”（月光跑）比赛的详情，主办单位于七月份在各区进行多场的五千米挑战赛，每场的准决赛选出首五位出线者参与决赛。我看到详情后立即报名，当时心中没有多想什么，只是抱着“有何不可”的想法去凑一下热闹。

当我与几位好友分享此举时，有人支持，但也有人说：“想去便去吧！不过你没有打算自己要入选吧？”

我说：“如果没有入选的想法，为什么要去参加比赛呢？”

此言出自自己的口中，我也吓了一小跳（对！只是“一小跳”，因为我一直都是有自信的人），就像七月中旬我负责挑选和训练的兰桂芳啤酒节小姐脱颖而出摘下冠军，也在我意料之内，因为我相信她的能力。要获得成功，首先就要预见成功！她在领奖的时候流下了快乐和感动的泪水，训练了她数星期的我也感到很安慰！

回到正题说脱跑。比赛前一夜，好友们（也是军师们）为我挑选赛前的菜肴，然后一起到集合处报到和热身。当天晚上十点起跑，雨愈下愈大，我心中竟然异常平静。好友问我怕不怕，我说，在再大的雨中我也跑过，所以我并不担心。比赛负责人对全体数十位参赛者说：“天文台刚发出雷暴警告，谁要放弃比赛，现在可以举手！”全场一片寂静，当时只听到雨和雷声！

起跑了，所有人同时冲出去，我排在队伍的末尾，心中暗叫不妙，不过我还是对自己说要尽力和加油啊！

在前两千米，跑在我前面的男女于与我保持约一百米的距离，而我又不见后面有人的踪影，在转弯处更是前后举目无人，我自己一个人在漆黑的夜雨中跑，加上不断有划破天空的闪电，我心中确实有许多恐惧！怕自己跑在最后、怕跑错路、怕脚滑跌倒、怕被雷劈……哈哈！其实，有时候内心的恐惧比实际上的恐惧多出了许多！面对恐惧，我唯有用毛巾抹去布满脸上和眼中的雨水，集中精神聆听我为自己准备的励志歌，专心地避开地上的水洼，然后很快就到了第四千米。

到达终点时，比我早到的跑者和工作人员都拍手叫好！原来我是到达终点的第二名女将！二十九分十一秒！谢天谢地，我不是最后一名！哈哈！

现在我回想我自以为会是最后一名的想法，也觉得好笑，好友说:“你怎么会这样想？”我说:“因为实在太诡异！我在队伍的末尾开跑，前后无人，会这样想也很正常吧！”我们想了又想，唯有归咎于我太过专心，看不到自己超越了一些人。但这样的结果真是令我又惊又喜！

以二十九分十一秒的成绩跑完五千米，我相信我可以达到更好的速度和总里程数！

总决赛见！

（本文为纪念我第一次参加晚上跑步赛事而撰，赠予有心长跑或遇上矛盾和困难的朋友。）

弃赛是懦弱的表现?

我常说只要你有跑三千米的能耐，连跑二十分钟，循序渐进，你就有跑马拉松的潜力。这不需要身为跑步教练才能这样说，因为，我自己的经验就是如此。经验告诉我，许多时候，真正让我们与马拉松产生距离的，是突如其来的不幸。

我从小就有一个习惯：喜欢怀疑自己。我实在不太明白这种自卑的心态出自哪里，只是觉得好东西不配被我拥有。

在二〇一六年三月“To The Top”三十千米越野挑战赛前

两星期，我刻意相约朋友去试探路。许多对自己有要求的跑友，或一些在意比赛用时或以夺奖为目标的人，都会在比赛前走完整条比赛路线，因为试探路让我们可以预计自己要带多少水、食物，甚至决定是否要带一些辅助性的小工具，如登山杖或攀爬防滑手套等。但对于跌倒，我却没有太多准备和经验。

连跑步六年，今天再因越野赛而第三次扭伤足踝，已跑了十五千米的我，在扭到足踝后瞬间弹起，但已心知不妙，三年前毅行的阴影又来了，我在心中咒骂自己，为何如此掉以轻心呢？同时我又一边对自己说没事的、没事的，只要我认为没事就会没事的。（好笑！）

然后，我开始慢行起来，心中一个名叫“保守”的小声音说：“小比赛一个，有什么好可惜的，要往长远看啊！”另一个“恣意”和“愤慨”的小声音回答：“不可以弃赛啊！预备了两星期，你怎样也要拿走那块完赛奖牌！”我作为一个跑者，在内心自言自语的行为，在受伤后愈加频繁了。

然后我开始尝试慢跑，并追上了前方的朋友，我一边继续慢跑一边对他说我扭伤了，并准备在二十千米处放弃比赛，从而想在朋友口中获得一点怜悯或安慰。谁知他说不行，你一定要拿到完赛奖牌。我当然也不是那么容易被说服，我坚持要离开，于是他说：“我在下一个检测站等你，你考虑清楚，只差十千米你也不走完吗？”

而另外两位朋友也从后面追上来了……“素素，你竟然让我们追上了？”我说出原因，他们其中一位竟然随身带着止痛喷雾，二人夹手夹脚，帮我拉下袜子，向我的扭伤处喷药，真是令人感动！

心理学家阿德勒曾经说过：“为何多数的人不明白梦境中的自己？因为我们在清醒的时候也不了解自己。”但我说，我在受伤时，甚或遇到困难时，却更了解自己。既我行我素，却又常被别人影响，如此矛盾的我，在这个情况下，最后作出了什么决定呢？

我脑中也闪过当天早晨与跑友在车中的对话：“你知道那个精英运动员吗？他这几次也因伤而弃赛呢！他是时候退下来了吧？”

“有时到了精英级别，要告诉别人自己要放弃比赛，真的很难启齿，心里一定不好受。”

“是心理障碍导致受伤吗？是潜意识中不想输给劲敌，或不想面对自己退步的现实吗？”

其实每个人都有身体不在状态的时候，勇敢面对自己的懦弱才是勇者的表现吧。智者说：“勇气不是不怕，而是面对已知的恐惧，并努力地克服它。成功不在于力量，而在于能够坚持多久！”

这个“多久”对我来说却是一生一世，我要跑一生一世，而不只是这三十千米，也不是只为这块完赛奖牌！

成长是一个过程，在这种跑者的自问自答、自言自语之间，我找到了属于自己的答案，离开就是为了回来！

我在二十千米处——大帽山郊野公园退出比赛。我看见一个又一个的参赛者颈上挂着完赛奖牌，笑脸迎人；又看到Facebook上一张又一张完赛奖牌的照片，我心头一紧，这个时候，却像有另一个自己站在身旁搭着我的肩膀说:“不要紧的，这个比赛，明年再战吧！你会再回来的，对吗？”

我鼻子酸酸的，不禁落下泪来。对于看重跑步的人来说，弃赛，绝对是有勇气的表现！

不正常的跑者

这个星期饱受针灸的煎熬，我对于在山赛中受伤的感觉不多也不少，跑步六年，三次受伤都是意外。每次噩耗来袭，我都会在心中骂自己，觉得很惭愧，也很对不起自己。身体是拿来爱护和训练的，而不是用来摧残或折磨的。

踏入精英运动员曾小强（2014 UTWT 全球超级越野赛年度总排名第八位）极力推介的朱灿麟物理治疗诊所，看着诊所“十不治”的声明，我心情很紧张。但当我看到诊所玻璃柜中，许多精英运动员赠送给朱先生的世界赛奖杯和《南华早报》对朱先生的报道，以及他征服雪山的相片，我忐忑不安的心情，竟渐渐平复了，我像是进入了另一国度，感觉很特别。

我虽然平日看似坚毅，但自从跑步扭伤后，我便像突然自天堂堕入无比黑暗的深渊。当你对伤害程度和后果无法预测，并不知道自己何时才能再次起跑时，那种在黑暗中伸手不见五指，心胸似有石头压着的感觉，是多么迷惘和彷徨无助！

“我不痛，只是酸软，还有……这不是旧患，我是意外扭伤的。”我小心翼翼地对朱先生说。

听说朱先生用粗针治好不少运动员的旧患，但那是极为痛楚的针刺治疗，所以软弱胆小的我，有必要向他交待清楚我的状况，以免受不必要的痛楚治疗。

他细心按压我的足踝，了解我痛的位置。“哦，你不是训练过度，而是意外，不用怕，小事！”朱先生还拿起人体筋腱图，指出我只是足踝前面的筋膜扭伤了，并没有伤及骨头。

我松了一口气后，又开始好奇地问：“我走完二十千米的山路，会不会其实另一只脚的同一个位置也有伤？”

他看了看我，微笑着用拇指用力按住另一只脚的同一位置，而我并没有痛的感觉。他说：“有伤的话，用小手指按也会痛，没伤，用拇指用力按也不会痛。”哦，原来如此。在这过程中，我们也开始交流跑步问题。

隔了三天我去复诊。就算朱先生戴上口罩，我也能在瞬间认出他。他笑问我："这几日有没有跑步？"

我忍不住答："神经病！伤了还跑吗？"

朱先生被吓了一跳后，笑说："哇！我终于有个正常的病人了！"

我说我不是那些疯狂跑者。他说："你很不一样啊！因为许多热爱跑步的人，就算受伤也会继续跑，你还是个将跑步的感受诉诸笔端的人呢！不能跑，教你如何忍受啊！"

我惊异地叫："原来我这样反而不正常？我是要跑一生一世的，不是那些跑几年就七痨八伤不能再跑的人……（傻吗？）"最后一句话我吞了回去。通过与他的对话，我发现了自己的另一面。

原来我是在一群不正常的人中（热爱跑步的人），偏向比较正常的一方。但细心一想，所谓的"正常"，在不同人群中，其实被赋予不同的含义。

在一个跑步活动中，有人前来问我，你就是参加过许多比赛的素素？我不禁目瞪口呆了，我从来不认为自己参加过许多比赛！那我身边那些每年跑四个一百千米比赛的朋友又是什么？我只是报名参加了一个一百千米而已？

但他这个提问让我恍然大悟：在"跑不多的人"和"跑很多的人"的眼中，我都属于一个不正常的跑者。我看见自己在他们中间，像一只小小的玩偶，站在一幅很大很大的彩色的郊野地图中，两面不是人，我在自己的路上走着，或许在某个交汇点，如在比赛或诊所中会再次遇上他们。

我们是那么相似，却又那么不同。我们跑在路上，在一期一会的情景中遇上，并发现自己与别人的特别，即所谓各自眼中的“不正常”，却又开始欣赏对方。因为我们跨越了别人的眼光，去跑自己认为正确的路。或许我们曾经迷失，但我们始终会在路上相遇。迷失的感觉消失了，因为我知道，你们在我不远处。

（本文写于“To The Top”三十公里越野挑战赛后）

左右脚的对话

就在右足踝扭伤后的两个月，我挑战伤后进行的第一个十千米跑步训练。在慢跑期间，静心的状态开始出现。静心是自我观照的状态，亦即自觉。

静心常在我没有什么杂念的时候出现，有时候甚至会在内心和自己对话。

由荃湾西向屯门方向跑去，在机场展览馆往回跑，跑到七千米处，我的右足踝开始有点酸软。然后我发觉，右脚开始与左脚对话……

刚伤愈的右脚说："主人好不公平啊！为什么只有我会酸软？才七千米而已！"

左脚："你算了吧，谁叫你三月时扭伤呢？莫说七千米，我跑二十千米也不会有感觉呢！"

右脚愤然说："好歹我们也是兄弟，谁知道是不是主人偏心你？哼！你知道主人是左撇子，当然是左肢有力一点，我不管，我要将身体的力转嫁给你了！"

左脚斩钉截铁地说："千万不可！你会加重我左半身的负担，我也会因此而受伤的。你要加油康复，我会陪你慢慢由十千米再挑战一百千米的训练旅程，不要心急啊！"

右脚哽咽地说："我……真的可以与你再挑战长途跑步吗？你……不会放弃我吗？"

左脚安慰道："傻瓜，你现在只不过是酸软而已，今晚回家如朱医生所言，热敷一下加速血液循环，再在主人睡觉时抬高自己，看看明天感觉如何？"

右脚："好吧！让我们慢慢完成这十千米吧！多谢你的鼓励！"

我作为主人，听到它们如此互相安慰，我内心很惭愧，自责为什么要在山赛时如此不小心而扭伤，这在朋友口中认为并不严重的一扭，对他们来说简直不值一哂，然而跑了六年只是伤了三次的我，又怎能不耿耿于怀呢？前辈说受伤是运动员的朋友。但我不是运动员啊！

回家后，我再用各种方法，使刚康复的右脚的血液加速循环，看看翌日跑完十千米后有没有反应，就知道是否可以继续训练了！

第二天是休息日，我走在街上，过了一段时间发现右脚并不怎么痛楚，我才确定自己在康复中而不是在停滞中，那一刻，我真的高兴得想大叫出来！

终于，右脚兴奋地大叫："我很好！你好吗？"

全然痛，才明白乐

“素素，你也参加这个比赛？”

我闻声转头向传来声音的方向看去，原来是好几届“HK168”的冠军坐在我身旁。我们刚跑完元朗越野挑战赛，我正在颁奖台旁站着看热闹，他却不知从哪里搬来一张椅子坐着，还一边伸展他的右腿。这个动作，其实对于精英运动员来说很怪异。

“嗨，你怎么了吗？”我问，其实我们不是相识很久，但作为跑者，我很明白他的身体语言，或言语间所蕴藏的意思。

他说：“没什么事，脚伤刚刚康复了……经过了低潮……今日很多高手……见到你今年又推荐这个比赛，不禁回想起去年，因而我觉得我要再参加！”他一边拉伸右腿一边说。

其实我很明白他此刻的心情，能够证明脚伤真正康复了，除了跑完那刻没有感到脚痛或脚软外，还要等到翌日，看是否完全没有异样，才能够在自己的内心宣告：“我完全康复了！”那种忐忑不安的心情，只有跑者明白。

在复康时期，我们对所有人与事都提不起劲，会一再地问自己哪里做错了？又问自己如果当初不参加那个比赛，今天又会怎样？

面对未知的将来，站在看似无尽的痛苦面前，我们像走入一道黑暗的隧道，你不知道那里是否会看到光，但当你知道，不管自己多么害怕，都必须继续向前走时，才会发现自己就是那道光，它会照耀着自己继续走下去。恐惧是自己的，勇气也是自己的。

法国作家莫泊桑说：“生活不可能像你想象的那么好，但也不会像你想象的那么糟。我觉得人的脆弱和坚强都超乎自己的想象。有时，我可能脆弱得一句话就泪流满面；有时，也发现自己咬着牙走了很长的路。”

直至这个比赛来临前，我已经与极为痛苦、不能跑的感觉共存了一个多月。当你习惯痛苦，你会对身边的人予以同情，心思也会比之前敏锐。上天赐予我的礼物，就是当发觉自己真正康复时的快乐！当我明白了苦，就更能享受乐，苦乐本身就是共存的。然而，人类是健忘的，或许我们会重蹈覆辙，为追求超越自己极限的快乐，而再次体验受伤给身心带来的痛苦。但我们会为了避开痛苦，而逃避追求跑步的快乐吗？我不会！你呢？

“对待生命，你不妨大胆冒险一点，因为好歹你要失去它。如果这世界上真有奇迹，那只是努力的另一个名字。生命中最难的阶段不是没有人懂你，而是你不懂你自己。”尼采说。

在受伤和康复、苦和乐之间，我学到了关于人生的重要的一课，多谢上天赐予我这珍贵的礼物！

意外，找上了跑者

我一向自私，也贪图玩乐。自从离开酒精世界后，我尝试逃避生活中的阴暗面，认为运动是世界上数一数二的、既简单又纯真的活动，因此我在数年前一头栽进去，可以说是鸵鸟式地埋头生活，工作、跑步、训练、比赛、写作，也尽可能避免看电视或新闻。但当四面八方的黑暗浪潮逐渐涌来时，我就像漂浮在风高浪急的汪洋中，一起一落，只能随着风浪一起随波逐流。

但人心是肉做的，我们就算不做正义之士，光是跑步也能令人感慨万千，因为我生性如此，所以当别人好意劝我不要做自己的时候，我很是奇怪，都不知道手脚该放在哪里才好了。

例如：眼见一些比赛主办单位漠视跑者的安全、举办比赛的搭档因为意见不合而于比赛前夕突然散伙，间接导致比赛安排失当；地区单位不征求公众意见而开始进行郊区混凝土工程，当我们找来过去的资料，才发现原来公众已经抗议郊野混凝土化超过十年，有关单位却一直视而不见……以上种种，只是片面事件。每当有人心痛地问及如何改善，就会另外有声音指出那些人是想生事端。

许多时候，我们其实只想弄明白问题的始末，继而一起找方法去改善，希冀有更好的未来，然而事情的发展往往事与愿违。

我们从来都知道世界存在黑暗面，有人缄口不语，有人愤然道出，更有人拂袖而去，你属于哪一种？立场，每个人都有，但更多人选择在别人面前采取模棱两可的态度，以为可以独善其身，站在高台或象牙塔上浅笑。当有人站出来为自己、为大家的未来说话时，反而被人指着鼻子耻笑：“关你什么事啊？”

这是我们的家、我们的比赛、我们的郊野、我们的赛道、我们的人生、我们的安危，如何不关你、我、他的事？我曾经担心那些发起抗议的人，因为他们有家室、有品牌代言，也是众跑手的偶像，我问他担心吗？他说：“我又不是搞对抗，我只是提意见而已。”我明白那种使命感和心痛，我坚守自己认为对的事情！

那夜比赛，共有五人相继被救护车送往医院。眼见那女子面色苍白、表情呆滞地躺在地上，令我再次回想起过去目睹或经历的跑步时发生的严重意外。

“素素，我被人撞倒了，下巴擦过尖石上，下巴缝了八针。”

“比赛时我倒下，并双手落地，尾指立即变形了！鼻子也缝了三针。”

“我在跑山比赛时冻伤的手指，现在过了两个月还是没感觉，我会不会永远失去触感？”

我们跑者那份不停地跑和比赛的毅力，会不会在发生这些意外后荡然无存？我们会不会彷徨失措、一蹶不振呢？每次听到别人对我说：“如果我当初不参加这个比赛，就不会遇上这次意外。”我静默下来，继续倾听，然后对方又会说道：“唉！算了，是注定的，这都是命运的安排！”真的是这样吗？

“我步入丛林，因为我希望生活得有意义，我希望活得深刻，并汲取生命中所有的精华，然后从中学习，以免让我在生命终结时，却发现自己从来没有活过。”梭罗在《瓦尔登湖》中说。对于生命中遇到的各种事情，我们不可以控制，但我们可以选择面对事件的态度。

为什么别人会撞倒我？为什么跑到山上会突然下雪？而我，

为什么没有预备好应对意外的伤害？在平安舒适的环境中，我们又如何能够学到并非纸上谈兵般的道理？只有进入战争，才明白如何战斗，战争不一定要胜利，但希望我们在受到的教训后，终有一日能战胜以前的自己。

如果自己不属于该步速专区，就不要踏上去，即如果我是六分钟一千米的跑手，就不要踏进五分钟一千米的起跑专区，因为人的素质良莠不齐，你无法理解为什么有人会用手肘出力撞你，为什么他们不能垂下双手，快速地从你身边跑过，然后再提起双手跑？你也不明白，他们在超越你之前，为什么不叫嚷让你注意一下？

我们所能做的，就是调低耳机音量，双眼盯着前面的路，并仔细感受身边是否有人靠近或贴近你的后方。曾经，有人不断向我推进（跑者术语中的“想超我”），我会慢下来让他先过。

意外发生后，懊悔的感觉会一直持续。然而，有经验的跑友的想法始终很积极。他说就当是给我的跑步生涯放一个假期吧！只有那些对跑步的爱很薄弱的人，才会因为家人的揶揄、不支持，或非跑步朋友的冷嘲热讽，而逃离跑步。但逃离自己生命中真正喜欢的事，只会留下无尽的惆怅。

生活中的无奈已经够多了，我们不要再因为一点困难而逃避、踌躇，好吗？我祝愿每一位受伤的朋友再次站起来，包括我自己！起点见！

喽啰跑者

我作为市场营销人员，需要时常与人交谈，很难得可以独处。某次午餐时间在餐厅静静地坐下来后，旁边的伯伯和婆婆看了看我，说："A君死了？哎呀！白发人送黑发人，现在的后生啊！不做运动，又是低头族，根本不珍惜与别人沟通的机会。"然后，他们朝我这边望过来（我正好一个人边看着手机屏幕边吃饭，尽管我已不是他们口中的后生）。其实我很想站起来，对他们说，我一个月跑一二百千米，比赛前夕更是跑三百多千米！我一天下来，要和传媒打交道，要笑、说、想好几个小时。

这样的看法实在过于片面，真是坐着也“中枪”！

昨天听了徐缘的一节课，题目是“数码营销（digital marketing）”，当中提及现今大势所趋的社交媒体（social media），他说现在的人容易因为社交媒体而突然成名，成名门坎低了许多，像暴发户，可是我们却不是天生就是公众人物，所以对作为公众人物应有的许多操守并不晓得，因而造成公关灾难。

徐缘分享了一些半公众人物或公众人物于网上被欺凌的案例，并分析了欺凌者与被欺凌者的心理变化。在被欺凌者心中，就算是心理素质再高的人，还是重视那一两个对自己恶意批评的留言，而忘掉那一百个给你点赞的人。人就是这么矛盾。

正如前些日子，我为一位于比赛中受伤的朋友发言。在几百个问候留言中，我看到一些误会我原意的人的留言。许多人在网上的语气和评论会变得理所当然地不客气，就连一般作为人的基本礼貌也欠缺，原因很可能是：我们看不到对方，自然不需留情面。朋友对我说，不认识的人，为什么要关心和在乎他们说什么？

今日问过徐缘才知道，不只是我自己在乎这一班喽啰在说什么，原来他也会在乎。

因为工作所需，我也会观察一些运动员的言行举止，为品牌去寻找真正喜欢其产品的代言人，而非因为品牌名气而申请代言的人。然而，市面上真正懂得尊重自己所属品牌和尊重别人的运动员，实在寥寥可数。如徐缘所言，一个人有多厉害，也比不上他的品质那样重要。

素质这回事，看似抽象，但当你看见S品牌的代言人穿着竞争对手X品牌的衣物上台拿奖，或看见一个运动员在Facebook耻笑别人肥胖，或在跑步群中恣意嘲讽："哎呀，你也会有失手的时候？"这些言行，难道品牌广告商不知道吗？以为大家都是瞎的吗？还可以与其长期合作吗？

也有许多人常拿海外马拉松和香港地区的马拉松作比较，然后以詈跑或谩骂的态度去评头论足别人的好与自家的坏。然而，我们并没有了解清楚事实之全貌，例如，香港地区的道路太窄或比赛主办方欠缺经验，甚至有些人将许多其他政治因素和不良情绪炒作一番，因而生起了敌意。如果发现别人的难处，明白一切都是误解，而对方也有诚意作出改善和赔个不是，那么，宽恕就是大爱的勇气。

尝试去了解，就更易于接受，也会有更多的慈悲心，让你的生活和思绪轻松许多。

跑步像人生，每个人抱持着不一样的看法和价值观，何需执着一己的定义？互相尊重就是作人的准则。

最后，致一班喽啰和我自己："我想世间还留下相当多类似'空隙'般的地方，只要努力找到适合自己的空隙的话，就有办法活下去。"（出自村上春树《身为职业小说家》）

不是逆来顺受的跑者

我不是愤青，却也不是盲目、阿谀奉承的跑者，对于朋友于某跑步比赛中发生的意外，我感慨万千，我希望能够让别人知道她的感受，希望能让大家作出检讨，避免悲剧再次发生。

那夜的比赛当中，许多人是首次参加跑步比赛，不懂跑步礼仪。平常当我们要超越前面的跑者时，我们会拍手示意让他们小心，但当晚我被许多人的手腕突然用力碰撞，并数次被踩脚跟。我心中觉得很奇怪：这些人为什么那么无礼？跑了三年比赛的我从未遇到过这类人。

“跑步礼仪”还包括对比赛的尊重，很少有跑者会突然中途停下来自拍，当然，你有做任何事的自由，也可以在街道上跳舞，但是敬请以不扰乱别人的秩序和安全为先！我们不想因为这些没礼貌的人，或因为人流管制的疏忽，而给我们的身体和心灵上造成永久的伤害。

受伤的这位朋友想让大家知道赛道安全的重要性。通过她，我明白了一件重要的事情。当想要让大众知道的时候，就要通过一切渠道，勇敢地说出来。我们要清楚，我们自身也有影响力！跑步、跑山比赛已日益普及，保障公众安全刻不容缓！

我们提出问题，并不一定立即有答案，但让主办方、跑友，甚至自己警醒，却是明白自己的无知，着意改善的第一步！

谁知道下一个受伤的是不是自己？我们绝不能坐视不理。当然，我们可能只是为自己对生活的一个态度、为自己相信的理念而争取，未必及时得到任何正面的响应。试问有几个人能像第一个女性争取跑马拉松般成功？虽然别人对我们不以为然，但是我们仍然相信，终有一天我们会得到正面的回馈！

为什么跑者要买保险?

作为一个跑者，可以选择用最少的钱去经营跑步这个嗜好，也可以每年花费数万元在跑步上。例如，我每年花费在本地的跑步比赛大概要两三千元（已经算少），如果每年再到外国跑马拉松或山赛两次，花费数万元也算是基本的消费了。

如果要说这些花费在跑步的钱是娱乐费，不知道大家觉得值不值得。不过，相比以几万元去买手袋或护肤品，把这些钱用在跑步上、人生体验上，我想并不为过吧？人生的抉择、消费观，得看自己，因为大家的价值观根本不同。

全身的装备、跑步教练、本地比赛、外国马拉松比赛、世界级山赛，还有运动创伤后治疗及保障，不禁要说一句“想要少花一点钱，就要先花一点小钱”，这是我的金句。

那天参加跑友的生日聚会。我总觉得要人少些才有凝聚力，才可以认真交谈，不同于跑会和跑团常十几二十人甚或百人聚在酒楼或大排档吃饭，实在没有足够的空间谈及一些深入的话题。我一直相信，人与人之间的交流，不在乎是否常在一起，只要大家相聚的时候足够真诚和愿意放开心怀，就能跟对方沟通。

这次席中的五位跑友，有因为速度型短程山野比赛扭伤的，有因为马拉松长期训练而膝盖开始痛的，有因为参加国外一百英里（即一百六十八千米）山赛而髂胫束发炎的。刚康复的我，虽然仍有些小担心，但也蠢蠢欲动地与一众伤兵计划参加未来一年在香港地区和海外的马拉松和超越百里的比赛。

那个下个月就要到澳洲参加超马比赛的朋友沉默了。我问他的脚怎么样？（说来好笑！如果非跑步朋友，我们会互相问候大家的脚吗？）他说如果只是走路就不痛，这种的情况与我在十千米赛的情况正好相反，我反而是跑了一阵子后就不痛了。我问他为何不去看医生，他竟然回答说贵，原来他才刚开始买保险！我不禁直言为何到这把年纪才买保险，我大学一毕业就买了！这时，席间已爆发大笑！

另一位金融界的朋友看着我说，如果本身无事，其实保险也颇昂贵。他问我，你“有事”过吗？我？我当然“有事”过，所以才觉值得买。然后那位有两个女儿的妈妈响应：“最好当然是无事啦！不过我也帮两个女儿买了保险。”她那两个女儿是铁路事业方面的精英，当然要买啊！

听说数位跑友已经在商讨加保事宜（增加保额或受保项目），因为他们虽不是全职运动员，却是运动品牌的代言人，有必要为增加曝光机会而参加各大山野比赛。还记得那次在“Lantau 2 Peaks”越野比赛中，因为暴雨，山上冲下来的雨水形成大瀑布，在它面前谁没有想到死亡？甚至于在二〇一六年一月“冰封香港一百”的赛事中，我在冰地上连续摔倒十多次，一直下不了山，手指发麻，我心中闪过一个念头，如果手指冻断了，我以后的生活要怎样适应？

我在那次比赛中认识了一个台湾地区的跑者，他因为冻伤，要在香港地区留院数小时，刚作了一些治疗，就已经要支付数千元的医疗费用！他的经历提醒了我到外地比赛所存在的潜在危险和可能要支付的医疗费用，甚至旅游保障。这些年认识不少因为缺乏对自己身体的认识，而在比赛中出事的人，教练曾说过那些喜欢到海外参加马拉松的跑友，特别是那些不够专业的人，最容易出事。不过，因为外地的路宽、气候干爽、跑步气氛浓厚，在外地做 PB（Personal Best，即个人最佳时间），始终是我们跑友的情结。

看过我这篇文章后，你要去研究一下这些医疗保险吗？

下雨，就不跑了吗?

渣马赛事在即，看见又寒冷又下雨的气象趋势，你怕吗?

除了受伤，停跑的原因，莫过于下雨。数年前，我刚开始跑步时，下雨的时候就必定停下脚步。怕路滑也好，怕感冒也好，结果都是一样——停跑。后来有一次与跑友们由尖沙咀跑至西九，途中在无瓦遮盖的路上突然刮起大风雨，我的气管因为冷空气而收缩，雨水不断打入眼中和因喘气而张开的口中，我感觉自己快喘不过气来，便立即脱下眼镜，大叫呼吸困难！但当时经过的跑友也在大喊:“好棒啊！好爽啊！”他们根本没有听见有人在求救。(好笑!)

后来又有一次在冬天举办的半马比赛中,我因为想打破自己的最佳时速,决意在倾盆大雨中继续狂奔,脚跟跑至流血,于是我果断地脱了那双跑鞋,左右手各拿一只鞋,赤脚跑至终点。

“疯狂”,是非跑者用来形容我的词语,殊不知,许多跑者已经到了雷暴、刮大风、下暴雨也继续在街上跑步或继续跑山的地步。最难过的情况都能挺过去,还有什么需要害怕的呢?玩命儿我们玩不起,所需要做的,就是充足的准备。

对于带雨衣和带雨伞去跑山,经常跑山和跑路的朋友持有不同的想法。当我带了雨具去跑山,就会有跑路的人揶揄我;但当我什么雨具也没有带的时候,跑山的人就会骂我:“你是小看天气,还是小看你眼前那座山?”我真的瞪着眼没话说!

对于跑步,许多人很关心我,给予我很多意见。我明白大家是为我好,但我们最需要的是静下来,自己想一想哪些东西比较适合自己。是谁为自己作决定?是我自己!要么相信自己能跑完全马,甚或一百千米的毅行,要么就不要辛苦自己,果断放弃。

我们相信自己,才能看见终点,才能勇敢面对渣马比赛时的下雨。晴天里跑,雨天里也跑,那就是跑者强烈的信念!

停下来的勇气

如果长距离跑步是一场战斗，那么战斗就一定会有所伤害，无论是在身体上还是在心理上。

那夜下班，我慢步到运动场跑步，途中我不断在心里问自己：你对十月的韩国全马比赛究竟有没有信心？未来几个星期日的长时间的训练课要达二十五至三十八千米了，完跑当然会兴奋满足，但跑比赛前一点点的忐忑不安也一定会有。我们跑者不是每个人都在乎夺奖，但面对大赛，心中想挑战自己过去时速纪录的决心，也是无可厚非的。那些“夸夸其谈”的跑友，说什么轻松跑、别紧张啊，真的能做到轻松跑吗？

想着想着，发现走在我旁边那位全身运动装束的外籍女士在疑惑地张望，我问她要到运动场吗？她说是的。那我们一起走吧！我发出邀请，我与她只一同走了短短五分钟，却已了解她很多。她看似年轻，却已有两个儿子。她说，这些年，每天为了照顾儿子，占用了许多自己的时间，现在他们上了学，她身心很累，想通过跑步使自己打起精神来。她在运动场跑着，最后喘着气问我："出口在哪里？"我当场呆了！我的出口又在哪里呢？她以跑步来纾压，而我却渐渐以跑步为压力，我们每一个人，内心的"出口"原来这么不同啊！

我身边的跑友，在比赛前一个个受伤倒下了，但我们不想停下来。其实人类天生就会跑，一年跑几个马拉松、四个一百千米的越野赛有何不可？然而，我禁不住要残酷地问："你的资质可以跑而不休吗？"因训练不足、力有不逮而导致受伤，这并非我们跑步的初衷。

我曾以超出自己所能负荷的力量去完成长途比赛，还让自己抽着筋跑完大阪马拉松。但那次所受到的伤害比之前所有的都大！当初游历人生的态度去哪里了？对爱跑步的人的最大挑战，不是不眠不休地跑马拉松，不是边跑边用手去攀山越岭，而是休息！爱跑步的人，你有勇气停下来吗？坚持跑步是一场人生的战斗，而战斗一定有所伤害，无论是身体或心理上。我明白你能够承受伤害，但在继续跑下去前，停下来休息片刻，可以吗？

日前我进了禅修营，试图为累了的心找出口。五天内爬山、吃饭、做早操、散步等都要禁语，心中什么也不想，专注于每一步和每个呼吸给身体带来的感觉，我这才体验到原来“跑步禅”、“爬山禅”能使身心那么放松。原来快乐就是当下的每一步！

原来专注地跑步就是禅的一种，完全忘记空间和时间的存在，体验心理学上的“Flow”（心流）。尤其在跑步约四十分钟后，大脑所产生的胺多酚、血清素和正肾上腺素能够有效提升快乐、专注力和抗压能力。

对长期维持适量运动的人来说，运动能让人心境保持开朗，积极、勇于接受挑战，但如果你的状态与此相反，那你就要反省你是否运动过量了。登上了高峰，也定有跌入低谷的时候，“跑步禅”可能是我训练跑步时得以放松的途径，但恕我此等凡人，在比赛时不能做到了。当然尽了力，PB（Personal Best，即个人最佳时间）怎样，就只能随缘了。

犹记得苏凯男教练的一席话：“比赛前，宁愿训练不足，也不要因过分练习而受伤。”

相信训练，但更要相信休息的重要性。

（本文写于二〇一五年，韩国全马比赛备战阶段）

输得起

我有次在下着微雨的湿地公园十千米比赛的跑道上，遇到一位差点昏倒的男士，我在旁边帮忙打伞遮着他的身体，看着其他人帮他急救，他由唇白面青奄奄一息、口齿不清，转至清醒，这短短二十分钟的经历，令我感触良多，我毕生难忘。

每个跑者背后都有故事，无论是从中年才开始爱上长跑，每晚离开家人，偷一点时间去跑，享受一个人的浪漫，还是已经跑了数年，每天跑十千米，以大自然为家的跑友。我们于每一次比赛中所要面对的最大挑战，并不是炎炎的烈日，也不是突然下起冰冷的大雨，而是在心底的输不起的牢固心态！

想当初，我们跑步的原因是为什么？只是为了开心而已。当然，作为一个人，为了追求进步而去奋斗并没有问题，但如果是奋力一战，而能力尚未到家，只追求一时三刻的快而导致自己受伤，甚至有生命危险，明天的你还可以笑着跑吗？

看见大家在比赛中拍摄下来的照片，有几个是边跑边笑的？许多都是因喘不过气来，面容扭曲；有些人低头猛冲，但头部压着喉咙和心肺，令呼吸更不顺畅；有些人过分地将上半身向前压，令膝盖压力加重。跑步看似是简单的运动，但当跑者增加里数的同时，不增进跑步的知识，只贸然加强训练，下一个受伤的人就是自己。

那位男士醒后跟我聊天，他说，这是他第二次参加长跑比赛，第一次十千米比赛跑了五十二分钟。你看！对跑者而言，每一分钟都很重要，是五十二还是五十一分钟，我们牢记于心！我问你有没有参加跑会或跟教练训练？你需要循序渐进地训练啊！

当时我心里想：在绵延密雨下，在这条又长又斜的天桥上跑步，你不是真的想破 PB(Persond Best，即个人最佳时间)吧？活了这把年纪，还是输不起。

对我而言，我爱跑步的原因之一是：凭借努力训练，就可以得到正面的回馈。在这不是事事公平的世界，这是难能可贵的回馈！但训练不可能一步登天，在赢得正面的回馈前总得输掉好几次。如果想一步登天，我奉劝大家不要选择长跑！

像以前的“Kano”棒球队，曾经被全部人看不起，他们凭借自己的努力和教练的教导有方，最后打入全国总决赛。虽然没有夺得冠军，但为了每一球都奋力拼搏，不但赢得全场人的掌声，更重要的是赢得了自信。

郑秀文与最佳女主角的奖项失之交臂，她说自己像运动员，习惯了输，但会调整自己，继续努力，永不放弃；梁朝伟的《一代宗师》拍了三年，没获得奖项时他表情落寞。但你觉得他们会永远输吗？不会，因为我们相信他们，那么，我们相信自己吗？

像我们一般的跑者，看似从来都只是输，因为我们鲜有上台领奖的机会，许多人甚至没有拿过十名以内的名次。但人生的赢与输就只在于这一次吗？

那次吐露港十千米比赛，在三十度高温、向阳的科学园路上，许多精英跑者赛后也大叫辛苦，当中有七八个跑者需要急救，有人不慎撞至头破血流，也有许多人弃赛。弃赛的原因是天气太热，也相信有些自负的跑手，因为不能跑出理想成绩而弃赛。但是输了，是输给天气，还是输给自己？

我们虽不是职业运动员，但起码是具有专业精神的运动员。

我们可以跑时就不会在跑道上散步或自拍。有气力完成比赛时，我们就不会弃赛，这是对跑步最起码的尊重！

跑完了！跑友娓娓道来刚才有多辛苦，但在眼角眉梢，那份为自己付出过努力过的自豪怎么也压抑不住，我们没有输给时间，反而赢了自己！

（笔者按：当然如果身体不适就应休息和退出比赛，输了一次，但赢了宝贵的生命，值得！）

领跑员：跳脱、跑步、沉醉

由于跑步训练过分密集，我在跑山时意外扭伤右脚，从而停跑一个月。停跑很难受，我虽然一直知道自己很爱跑步，却从不知道原来停跑的日子会那么沉重。不能跑步的时候，我的内心在疯狂怒吼，觉得自己好像被困在牢狱，双手抓向天空狂呼：谁可以救救我！我受伤了才发现自己对跑步太过于沉醉，因此我决定去寻找跑步对个人以外的意义。明白不能跑步时的痛苦，才会有动力去助人起跑。当我初尝领跑员的滋味，体会更为深刻。

许多盲人并不是天生失明，而是病变或意外所造成的。他们曾经像你像我一样生活，只是现在不能独自跑步了，甚至有些人从来不跑步，是在社会福利机构和医生的建议下，才开始在运动场上一圈又一圈地被领跑着。适量运动有助保持身心健康，让人能积极面对生活上的困难，不论对盲人还是对健全的人而言，皆有莫大益处。

视力正常又爱跑步的人啊！请想象一下自己闭着眼睛在路上跑，我们可能连四百米也不能顺利完成呢！

在雨中，我一边慢跑，一边问手带的另一边胖胖的高中生：“第二次跑？今天可以多跑十分钟吗？”他抹了抹脸上的雨水，喘着气说：“我可以！”

作为领跑员要胆大心细，路上一颗小石子，转一个小弯，多少步前有人，这些都要清清楚楚，还要计算对方的身体和心理状况等，谈何容易！我们对个人成绩、去世界上每一个角落跑步等，皆有一份近乎固执的执着，而我们这一群有脚能跑、有眼能看的人也极其需要有健康的灵魂才可以去帮助弱势群体。

不过，当义工的勿以为自己头上有光环。因为许多时候，真正获益的是自己！

伸出你的手，我们其实可以让更多的人一起跑步！

乞求明灯的铁女子

第一年举行的环大帽山越野跑，共有一百六十二千米、一百一十五千米和五十千米三个分项比赛，一百六十二千米赛事里程为逾九千米的高度，路径并不是像麦理浩径般易走的混凝土地，而是鸡公岭、大刀屻、四方山等崎岖山路，参赛者需要连爬带走、披星戴月地追赶到达每一站的截止时间。

挑战一百六十二千米的女子只有数十人，其中一位外国女子为大企业的高层管理者，平日在工作和家族中均属铁娘子，但她不幸在比赛进行到一百四十千米处时，发觉自己所准备的两盏头灯突然失灵。天黑了，怎么办？她还有最难的、最后的二十千米呢！

她慌乱地向周围的大会义工询问，有没有头灯可以借给她。但是，大会因环保关系，就连一个杯子、叉子也是由参赛者自备，去哪里能借到盏头灯给她？

后来，一位刚补挂路标的义工到站，恰巧有头灯可借给她。她看着手上的头灯，感动得哭了，她说这是她人生中的第一次一百英里(一百六十二千米)赛事，很希望能够在香港地区完成，如果没有这头灯，她就没法实现自己的愿望了！看着这盏只值数百元的头灯，那一刻，头灯那微弱的光在她心中比千两黄金还重！

我看得眼泪盈眶，平日什么也不需要帮助的女强人居然走到所有人面前，逐一乞求别人给予她一盏灯，那种绝望中仍努力坚持，在已知的恐惧中勇敢面对的态度，令人肃然起敬！有勇气，不是不害怕，而是愿意面对已知的恐惧，并努力克服它，像每一个完成比赛的人，都是在无尽的黑暗中走至天明。只靠自己的双脚，一步一步走过，别人可以陪伴你走，但如果你不走，没有人可以帮你。

“马拉松是净化身心的过程。成功不在于力量，而在于能够坚持多久！”(出自陈彦博《越跑越懂得》)

主宰雨中步伐的那位是谁

由于要预备十月韩国春川马拉松，我的长距离和速度训练也正式展开，屈指一算，这已是我参加的第四个海外全马，我心中对成绩始终有点期望。

这些年来，环境在变，人和事物在变。夏季，天气变化万千，昨天还阳光普照，今天却大雨滂沱。早上背着运动装备离家，谁又知道今晚的天气呢？然而今天的脚程就只属于今天，明天自有明天的训练，如果因为刮风下雨就不跑，又怎能说得过去呢？

跑者们啊！只是一场雨，就已经看到自己内心的对白与挣扎！原来跑步除了锻炼身体，更能进一步了解自己的心理状态：是坚定，还是懦弱？是有信心，还是充满犹豫？是固执，还是纯粹？一场雨的考验，令我把自己看得一清二楚。

不过，下雨天，我总想起那次奇遇。

还记得我刚开始跑步时，晚上参加了跑会的活动，在大雨滂沱中，遇上一个不可多得的绅士跑友，直至数年后的今天，我仍然不知道救我一命的这位男士是谁，可是那关切的声音，我永不会忘记。

从尖沙咀柏丽大道跑经海滨长廊，在长廊的尾端再上斜坡，才能到达对面马路上的天桥，然后跑回柏丽大道的放行李处，但在上斜坡前，突然下起倾盆大雨，本来我也不怕在雨中跑，但因为没有帽子挡雨，豆大的雨不断地拍打在我的眼镜上，令我完全看不见前路，加上之前我加速步伐，到斜坡位置时我的心跳已经变得很快。冷风刺入我的喉咙，我控制不了，不断在喘气。我停下来，抓住旁边的人说我喘不过气来，但身边的人因为大雨而显得情绪十分高涨，有人大叫，有人欢呼“好爽呀！”然后我遇到了他。

“你没事吧？”他关切地问，我看不清他的脸，由于大雨和身边的人很吵，我惊慌地、上气不接下气地断断续续说：“救我！我喘……不过气来！”

他冷静的声音传过来：“你看不见？跟着我慢慢跑吧。”看着他的背影，我一边跑一边冷静下来。他不时地转过头来看我是否还跟得上他。

我也不明白当时为何一直看不清他，回来后朋友们听了我的经历，簇拥着我，哗然说：“好浪漫噢！”然而，你究竟是谁呢？在此与你说一声：“多谢！”

直至今天，我渐渐消除了在雨中跑步的恐惧。在雨中跑步，我们究竟怕什么呢？怕感冒吗？只要不突然停下来，保持用鼻和口平均呼吸，跑完后立即洗热水澡或抹身保暖就行了，我最少半年内都没病没痛的！是怕跌倒或怕被树砸到吗？跑步时只要不忘留意身边发生的事，即使是下雨天也是安全的。对我来说，只要有鸭舌帽挡雨，并用防水袋包好手机，就可以在雨天去跑个痛快淋漓了。

不过，我并不是说下雨时一定要跑步。只要觉得想跑就跑，不被外界事物所控制，这是我认为的正面的积极态度。而负面的积极，就是因为强迫自己而感到压力，心情受制于手上的 GPS 跑步表屏幕上的步速。这又何苦呢？如果因为要跑马拉松而有目标去训练是对的，但我又不是要参加奥运比赛，如果太过强迫自己，连给身体喘息的机会和心理缓冲的机会都没有，不能享受地去做事，那样，还没参加比赛就已经输给了自己！

找点能轻松跑步的时候，放下我执，好好享受跑步本身的纯粹。是雨，是大太阳，或者是刮风也好，我们仍然抱着自由的心态去跑，想跑就跑，回到当初喜爱跑步的纯粹，好吗？

第三篇　跑出身体极限

跑山，对自己的生命负责

如果任性，我们想怎样跑步都可以。我们可以像那些跑沙漠或跑极地的人，又或者像刚爬上喜马拉雅山的那对夫妇，两个人一同上山，下山时却只有一个人生还。那些被大众认为不正常的人，他们被某一部分人认为最正常不过，就像不跑步的人看我们整天“满山跑”的人不正常，而我们跑者又会回看他们，问:“何以能够忍受整天不运动呢？”每个人对“正常”都有自己的一套标准，但倘若事情发生在自己或朋友身上，我们的角度又会有所不同吗?

我参加了一个半马拉松（即二十一千米）越野跑比赛，早上九时于赤柱正滩起跑，经过赤柱峡道到达紫岗桥，然后从紫罗兰山径跑去黄泥涌水塘，再上紫罗兰山、渣甸山、毕拿山、大风坳后，再经过水塘到达紫岗桥，然后上孖岗山，回到赤柱正滩终点，完成该比赛。

但比赛开始后，峡道已令众跑手“却步”，不过我心想还好，慢走就慢走吧，有二十一千米啊！走了一千米后我沿引水道跑了三千米，跑者明白要沿着没完没了的引水道跑有多沉闷，但有师兄师姐从我身后不断说“右手面”（即叫我靠左让路），我也不敢怠慢，继续在大雨中奔跑，心想下雨总比烈日好吧！谁知大雨后，开始烈日曝晒，我大汗淋漓，身上背着一升的水已于六千米处喝完，还要跑两千米才能到水站，我心感不妙，但只能忍一忍了！

我对自己说，我于八千米处加好水后，到达紫罗兰山上，于交界中选择由二十一千米转玩十四千米，但还有近千级楼梯的孖岗山要上啊！没水，如何是好？

当我在孖岗山前迷惘犹豫之际，身旁的一位跑友一直在大口喘息，看样子快要透不过气来了。我发现他手上也只剩二百毫升水，计时的工作人员问我俩：“你们是不是很不舒服？我可以给你们水。”我说如果无水，我完成不了孖岗之行。这才和那位跑友分享了我手上的电解丸和工作人员给的水，就再次上路了。

在孖岗山的九百多级阶梯中，我从来未见过这种隔几级阶梯就有人站着或坐下休息的情况，很是可笑，同时也反映出在这样烈日当空的环境下跑楼梯实在很危险。那么多人不适，作为跑者，我又在心里问自己："为什么？"

我一边走，一边向看起来很辛苦的人递上电解丸，然后看见两岗之间的平路上，有跑友蹲在地上，双脚不由自主地颤抖，应该是抽筋了吧！他脸上布满了惊慌的神色，由于太多人围着他，我不忍地放下电解丸，抛下一句"多给他点新鲜空气！"就继续走了。我终于走下孖岗山，看见赤柱半岛的美丽景致……跑山就是为了欣赏此景吗？应该还有一些藏在内心深处的理由吧？迎面几个穿着长衫长裤的民安队的人走上来，希望你们也平安吧！

事后听说至少有两人被送到医院，其中一人还需要直升机支持。

生命，确实是自己的，但我们是有血性的人类，我们不是冷血动物，朋友有危险了，我们难道不会担心吗？每次出事后，我们总会检讨在危险的情况如台风、下雪、炎热天气下做运动或参加跑步比赛，伤亡责任归咎于谁的问题。这个在香港地区大热天下举行的山赛，以及人们接二连三因为爬山跑比赛而出事，给众跑友上了宝贵的一课，同时也引出一些值得深思的问题：我们如何在运动或比赛中保障自己的安危？而收费或不收费的举办方又是否要为比赛安全负责任？答案由你们决定！

跑步，生命的救赎

坐在公交车中，我平静地感受从右足踝传到小腿的麻痹感觉。昨天是我做最后一次物理治疗了，针刺后经历了两三天脚软的感觉，物理治疗师说这是正常反应。在康复的过程中，要我不吃酸辣食物不难，最难的是不能跑和看见自己一直胖下去。

跑步老手对我说:“跑得多了自然就会受伤！”我听着并没有同感，因为我绝对与“跑得多”这回事不沾边。或许大家忘记了一点，跑得太少也是导致受伤的一个原因。

此话何解呢？君不见那些跑渣打马拉松的人，跑完后一拐一拐地走路吗？这就是欠缺足够里数训练的证据。如果训练足够，莫说是42.195千米的马拉松，就算是完成香港地区一百千米赛后，也可以像没事人一般跑跑跳跳呢！其实静下来想一想，我于三月中旬那次山赛中扭伤，并不全然是意外，或许是因为一月下旬时，我在香港地区一百千米赛后遇上跑步的低潮，心理上产生的倦怠，令我的训练里数比平常锐减。

因为休息太久，期间我只跑了一次半马就去挑战三十千米越野赛，实属不智。我常以为自己有跑步的基本功底，觉得就算疏于训练也无大碍，这样想实在太不对了。

其实，我身边不乏用三小时完成全马的人，我大可以向他们偷师。今天与这位以十六至十八小时完成一百千米越野赛的“外星人”吃饭闲聊，才发现原来我们在跑步受伤问题上有很多共同语言。

我们都是不喜欢将受伤挂在嘴边的人，因为好像在要求别人关心呵护，但今天他忍不住找我倾诉。他说：“当我想恢复跑时，慢跑三千米后就痛了。”我问：“哦？当时心中想到什么？”他双眼茫然，说：“很迷惘，我不知道自己什么时候会好起来，能不能完全康复？还是我已经没有机会去波士顿参加马拉松了？”（波士顿马拉松是跑者朝圣般的比赛，男性壮年跑者要曾经以三小时零五分或女性要以三小时三十五分跑完全马，才有

资格申请参加比赛）

相反，以三铁为全职教练工作的Gary Sir却对受伤的恐惧处理得宜:“这也没什么！脚骨裂了就做肌力训练！等它好起来！”像在说别人的脚似的。

至于我，这次能在两星期的短时间内康复，除了因为我以轻柔足感跑下山，不至于大幅度扭伤外，最大的功劳是物理治疗师的针刺技术。当我知道自己应该不用再复诊时，我竟然不舍得离开呢！那种复杂的、窃喜的、依依不舍的感受，或许只有受过伤的跑者才明白。

或许曾经迷失的人，才明白走在光明大道上的可贵。然而，当你又开始习惯跑在康庄大道上时，又可能会雄心壮志地作出一些令自己受伤的愚昧行为。这种一高一低的情绪，有点像我们跑者拿着平衡杆走在有安全网的铁丝上，在进步与受伤之间冒险。

只有意识到自己迷失，才有机会寻回自己。跑步是我生命的救赎，带我从困扰中脱离苦况，真的，如果你没有试过一头栽入迷失在里面，你就不会体会到寻回自我的喜悦。

我从一拐一拐中明白了！

（本文写于二〇一六年，第三次足踝受伤痊愈时）

跑者生病又如何？

因为懒，又或者因为忧郁，我于夏天减少了跑步的里数，面对为自己制作的里数表，跑步的日子被安排得七零八落，我心里纳闷起来，不过，我似乎处理得还算自如。

上个星期，除了我和另一个常年跑步的同事保持着身体健康的状态，公司的其他同事都生病了。我不禁心中窃喜，和那些“假日运动员”相比，我们这些日常“专业精神运动员”所付出的心力实在不少，但谁料得到，我还是于跑步低潮中生病了。

我身体并不差，有时甚至特别好，尤其在马拉松训练期间，六个月都没有感冒或患其他病痛，我对自己身体健康的这份沾沾自喜实在得来不易，这是通过不喝冷饮、三餐准时及均衡营养、晚上十点半上床睡觉等良好的习惯所储备下来的。有一次，我参加港大环岛凌晨跑的活动，在起跑前，闹钟突然响起，朋友问我是否因要吃药而设置了闹钟？（他们常笑话我疯疯傻傻的，要吃药）我说这闹钟是提醒我要睡觉了。他们就起哄了："哇！真有你的！只听过闹钟叫醒人，你竟然设置闹钟提醒自己睡觉，笑死人了！"我咧着嘴跟着他们笑。当一件事成为习惯时，我并不觉得有什么特别。

但这次的病确实有点特别。许多时候，伤风感冒总是由喉痛开始，然后很快就发展到出现流鼻涕、头痛等症状。但我这次在走山比赛后，当日只觉得喉痛，翌日已经失声，而其他的症状统统没有。我不禁在想，活了这些年，新奇的事情还是有很多啊！

虽然病倒了，但我早前就答应了朋友一起上越野初级训练班，我想我还是要去的。我在家默默地收拾跑山用的水袋、背包，妈妈不禁说："你病到连话都说不了，还要去跑山？你不要麻烦别人送你下山呀！"真是的，我只是喉痛而已。

跑山一天下来，我由于疏于训练，在上坡时只用步行，平路时也只慢跑一下，速度不快，话就开始多了。当我和朋友走到山顶，他对我说："你这样好辛苦，你还是不要说话吧！"

我答："我可以啊！不辛苦！"

他说："是我听得好辛苦，又走音，又要读你的唇语！"

另一位朋友说："哎哟！为什么你喉咙痛也要坚持爬山？"我真是听得又好气又好笑。

这个星期，我一直保持着嘶哑的声腺，而且也还在吃中药，但数天不跑步，内心好像有种犯罪的感觉，又或者像一天没有刷牙的感觉。我终于忍受不住，就径自去慢跑了六千米。终于，我那呆滞的面容变成了清爽机灵的笑容。跑步令我又重新精神奕奕起来，好开心啊！

病了也还要跑步、爬山，初相识的跑友说我对跑步中毒很深，但与我有一样"病征"的朋友却认为我很正常。是正常还是疯狂，取决于人们看待的态度，并不是黑与白、是与非的定义。

"如果这世界上真有奇迹，那只是努力的另一个名字。"尼采如是说。

输在起跑线，不等于必定输在终点

跑了这些年，我发现既跑马拉松又跑山的人不是很多。有一次，在计划未来一年山赛的讨论中，我听了师兄师姐们的分析，才恍然大悟。

“乐善杯和香港一百千米比赛，太多平路，我会输的。”一个常参加香港一百千米以上各种越野挑战赛的师姐说。及后在那年乐善杯三十千米和香港一百千米挑战赛中，想不到我真的跑得比师姐快。要说跑者之间没有比较，未免太过虚假。跑者之间，尤其在大型比赛中，一定会暗地里将大家的用时作比较。

可是我并不是天之骄子，也没有天生的快脚，而且事实上，比赛成绩只是反映出你在训练时有多认真，付出多少心力，并不能代表一切。

还记得去年从第三四季开始，我因为参加毅行者的练习而减少跑步里数，体重因而增加了十磅，今年跑完渣马后决心减重。只有自己明白，体重多了十磅，但跑出和以前一样的成绩，即说明我进步了。而如果可以减掉十磅，就会跑得轻松一点，也会能跑得再快一点。

大热天，温度超过三十度，生理期按时而至，我既肚子痛又腿酸（女生在生理期时会觉得腿酸）。跑完十五千米，用时一百二十分钟，其实我已觉得很自豪，有时我们需要找一些借口来佩服自己可以那么慢。

经过三个月，我吃清淡一点，多跑一点，终于减了两磅。有跑友酸酸地说世间不公平的现象实在太多，说我吃那么多，也能减重！他输在了起跑线！

这一句话，令我深思，我究竟是否真的不劳而获？我可以肯定，我不是！我是真的比毅行时跑得多了、吃得少了，也放弃跑山以增加路跑。世间或许有许多不公平，例如，我身为女子，每个月必有一个星期不舒适、体力比男生少、爆发力也比别人差等。明白自己的差距，就可以在那些地方着力寻求改善。跑步，就是不断让自己明白自我的能力和限制。了解、接受、改善，要么做到，要么做不到，我不管你用了什么方法（语气很像老板在工作时对下属的口吻）。

在重拾训练期间，我以一个过来人的身份去看待全程马拉松和身边参加全马比赛的人。有些人在十千米或半马时的成绩比别人快，但全马却比许多人慢。他们不是不训练，或许只是训练方法不同，又或者有些人控制不了自己去跑平均速度。

例如，平时四分钟跑一千米的人，在跑全马时控制不了自己慢下来，只要他持续五分钟至五分半钟跑一千米，那便能在四小时内跑完全马，但他就是慢不下来，最终以四小时三十分跑完。全马与半马完全是两码事，要以四分钟跑一千米跑完全马，就要事先尝试用这个平均速度跑完三十几千米才行，只是通过常跑半马来训练根本不行。

全马与半马的分别已经这么大，马拉松和山赛之间的分野更是绝不简单，别人说跑马拉松的人可以转而跑山，但跑山的人，甚至未必可以完成一个马拉松，你有同感吗？

我在两者之间，看到另一个黑洞——超级马拉松。

人生“超级”马拉松的精神

这几天在看日本超级马拉松跑手关家良一的《放慢速度的勇气》。我对他的认识不外乎来自他在中国香港地区和日本超级马拉松比赛中的表现。超级马拉松在数年前于香港兴起，之所以能够被称为超级马拉松，除了距离超越一般马拉松 42.195 千米的距离，即五十千米、一百千米外，另外有时间制要求，如二十四小时赛，或于沙漠或北极连续跑七至十几天。我还见证过一位六十多岁的退休老人，以差不多一个月的时间环绕中国台湾岛跑了一圈。

这些跑超级马拉松的人内心究竟在想什么呢？

早前到二十四小时超马比赛场地支持朋友，看到关家良一跑了二百多千米后，还精神奕奕、笑容满面、轻松地在跑，还一边跑一边举起手指做手势，后来才知道那个手势代表他的名字。那边却看见曾以十四小时完成百里山赛的前辈一边走一边想闭眼，面青唇白，很吓人。我这才明白耐力和速度可以共融，也可以互相蚕食。如果没有技巧、策略和坚毅的心智，不管身体如何强壮，也绝对跑不下去。

由零到一，不跑步的人，或许以为跑步是很简单的事，但我们这些跑步好几年的人，才能够理解像关家良一前辈所说的“超马就是人生”的体验，绝对一点也不夸张。

虽然我还未跑到像关家良一或其他前辈所跑的二百多千米的距离，但我相信，长距离跑步对每个人的意义也不一样。那个刚能够跑完十千米的跑友，绝不能想象自己如何能够跑完全程马拉松 42.195 千米，那是他们完全无法想象的距离；就像我们只完成过一百千米越野赛的人，是无法想象连续跑二百千米是怎么一回事。但在跑友们的心底里，说穿了，他们还是觉得自己是“应该有可能”一口气完成二百多千米吧？

已经跑得那么辛苦了，为什么还要继续跑呢？就像处于人生低潮一样，既然觉得眼前的关卡那么难通过了，为什么还要继续呢？就在努力克服身体的疲劳之际，我看到沿海的景致、不间断的蝉声、身边朋友在帮忙打气、义工细心地献上饮品，身边的参赛者不断地经过。虽然我们每一个人只独自跑在路上，而且在途中也可能看到丑恶的人与事，但我们仍然相信，在路上或前面总有一些抽象、美丽的事物……

那不一定是完成赛事获得的奖牌，亦不一定是实体的东西，而是在训练时或者在比赛中所学到精神之类的东西。关家良一曾说过，他的脑是“教练”，身体各部位是“队员”，它们组合作为一个团队去跑超马，在思考和行动之间比较有效率地完成赛事。

在一百千米的比赛中，在我无力地以为自己不能够再走下去的时候，再多坚持一点点，就度过去了。

多坚持一点点！超级马拉松如是，我们的人生亦如是！

“冰封”香港地区一百千米越野赛，零下五度的蜕变

上个星期，在下冰雹的极端天气下，我以二十四小时三十分钟完成香港地区一百千米越野赛事，成绩虽不值一哂，却见证了自己意志和体魄的成长，我明白，要么挑战自己，要么一生在怀疑自己的能力。面对黑暗，面对怀疑自己的恐惧，在这最漆黑的天空中，我看见最明亮的星星，遇上了难得一遇的寒冷的冰雹！

此赛近年成为UTWT（Ultra-Trail World Tour）世界超级越野巡回赛的第一站，作为香港地区的跑者，看到来自世界各地

的运动员精英云集在我生活的地方，济济一堂，进行竞技，甚感荣幸。参赛者由西贡起跑，最后到达大帽山的终点站，整个赛道以麦理浩径为主线，当中包括爬上西湾山，经过水塘，走过陡峭山径，踏上水清沙细的海滩，最后攀上鸡公山、针山、草山、大帽山，爬升合计超过四千五百米，并必须于三十小时内完成。

我在赛前整理装备时，知道山上温度低于十度，我并没有掉以轻心，早就于几个检测站让朋友帮忙带来更换的衣物及素来吃习惯的薯蓉、白粥、姜茶、黑咖啡等食物。我以二十三个小时完赛为目标，从早上八点开始，用跑跑走走的方法，于凌晨四时到达第九十千米铅矿坳检查站，共用了二十个小时。我本来计划在最后十千米用两个多小时跑完，这样就可以胸有成竹地夺得铜奖（二十四个小时内跑内所获得的奖项），谁知突然下起冰雹！

当我走到乱石阵，冰雹打在我脸上时，一阵刺痛感从脸上直达心底深处，当时我用帽子和手挡着，请求上天“不要打脸”，后来才知这爱美的性格救了我一命，因为有跑友的眼镜被冰封，完全看不见前路。没多久，我全身和地上已经结冰。到达四方亭后，我在冰地上往斜坡上爬，不断地跌倒再爬起，我不哼一声，手肘、手臂、屁股全摔肿了。有人大叫“走草地呀！”我就坐下来挪到有草的地方继续走。

其间我再次倒下，头灯突然被大风吹掉，我仆在地上哀号：“我的头灯呀！”我开始情绪不稳，向狂风咆哮：“为什么？”我想哭，但哭会导致气喘，反而更难走，我忍着不哭，询问别人:“我们要不要等救援? ”

别人对着我大叫:“我们再不走会死的! ”我冷静下来，在大帽山的白波下不断地跌、不断地爬，更用手抓着结冰的草爬到马路上。我心想一直爬，一定能够爬完。我不要死！我要完成比赛!

早上八点，太阳开始将路上的冰融化，在最后几千米可以跑了，我一直跑，全身因为冰冷而颤抖，但只有继续跑，才可以使身体发热而保命。坚持跑步，竟然救了我一命!

最终我以二十四小时三十分的成绩完成“冰封”香港地区一百千米越野赛！回想起在山上我有可能会因低温症而死亡，至今犹有余悸。

局外人以及不跑的人会揶揄:“那么危险的比赛为什么还要参加? ”其实比赛本身并不危险，然而谁知道当日会下冰雹?谁会带着冰抓上路?

今年香港地区一百千米越野赛巧遇极端天气，因为欠缺经验和装备，经历生死边缘，我手上的“完成牌”实在得来不易。我到那一刻才发觉，为了完成赛事，原来自己可以很坚强。别人问我为什么不放弃？我看着他眼睛说:“因为回头路更难! ”

只有爱跑的人才明白彼此，“心没有放弃，身就会跟随! ”极地跑者说。

多谢大家于风雨中的支持！愿大家早日康复，明年香港地区一百千米比赛见!

(本文写于二〇一六年一月，香港地区一百千米比赛后)

“冰封”一百千米比赛后的三个月

村上春树说:“能够以什么为目标，而扬起旗帜进发，是一件幸福的事。”然而在一百千米比赛后三个月的光景，我的“旗帜”落下。但没有“旗帜”的自己，与一般常参与一百千米比赛的跑者有不一样的感受。

虽然在跑步圈子中，许多朋友一年跑四五次一百千米比赛，对他们而言，犹如吃饭那么平常，但对我个人来说，我还是觉得一天内跑一百千米，并非一个生理或心理正常的人会去做的事。

在把跑步当作生命的一部分之前，我从来没有像现在这样把自己分析得透彻。它不像是每天刷牙般例行公事，虽然毛姆说过，就连在每天刮胡子当中，也可以理出生活的道理。每天持续去做同一件事情，总觉得内心有深层次的东西在蕴酿着，像是一座睡火山，内里炽热的熔岩在翻滚，或者像是隆冬后的秃枝顶端，嫩芽的生命力喷薄欲出。

跑步令我更明白自己，在跑与停之间，我遇上生命中的高潮和低谷，尤其在一百千米比赛后，我对跑步的热情，突然之间如从山顶堕于深谷。从每星期必定跑步四次，骤然间变得跑与不跑都无所谓了。

“所有东西也变了，他是他，也不是他。”村上春树对跑步的热情也在参加一百千米跑步比赛后一点一滴地流逝。原来，不只是我有这种感觉啊！

你不会知道这种沉闷的感觉何时退去，但像是发烧或感冒一样，有经验的人就是知道，这种感觉终有一天会悄然离开，像时间、像青春……我沉下了脸，闭上眼，感受那种不想跑的无奈。

我脑海中还常浮现跑一百千米时独自在黑夜中行走的那个情景。我努力追上前方的两个日本男性跑手，听着他们叽哩咕噜的对话，从他们的语气中猜想他们在说什么，（好无聊），突然他们当中的一个停下来说：“叽里咕噜叽里咕噜？”另一个就替他从背包里拿出东西来。在跑步时能够互相帮助，那真的很好！

那个比较胖的男性经常落后，他的朋友就又叽里咕噜地鼓励他一番。

当时我很怕跟不上他们，怕自己迷失于黑暗山野中。我对自己说不用怕。犹记得我当时任由那股恐惧来袭，如果身边没有任何人，其实我就只能默默承受，像对待生活中的一切无可奈何的人与事一样。

作为一个既跑步又写作的人，身体健康、专注精神和坚持都是必需的。你必须每天专注，只持续一星期是不够的，半年、一年、三年，直至今天，我跑步六年、写作三年……自己一个人面对跑道和书桌的时间、生理和心理等都要控制得宜。要使舒服的感觉延续到翌日，跑步才能够持续下去。

谁可以告诉我，如何继续跑步下去？

婆娑树影，绵绵人情：薄扶林越野挑战赛

二〇一五年，我通过“正能量”跑友会参加了一年一度、由香港地区全能运动学会举办的薄扶林十千米越野挑战赛，大会将部分款项捐出作慈善公益。起步点由薄扶林水塘道马路(薄扶林伤健营前)，直上薄扶林郊野公园入口，沿家乐径跑。一开始就是斜坡，看见大家很努力地往上跑，我也不甘示弱地慢跑上去，却又不忘提醒自己前面还有九千米的距离，要将自己体力平均分摊，以免后劲不继。

我早前认识了一位被抑郁症困扰十多年的师兄，即“正能量”跑团的发起人，他通过跑步而逐渐康复。跑步能够抑制癌细胞、改善抑郁症状，保持青春常驻，这已是老生常谈，但真正有一个证明者站在你面前现身说法，你会觉得跑步这回事，确实蕴含着无穷无尽的人生哲理。我在比赛前停跑数周，也是怕在心理上认为自己跑不下去。

我继续沿家乐径跑，走到分岔路口转右，进入薄扶林水塘的二号及三号配水库。薄扶林水塘于一八六三年建成，是港岛首个落成的水塘。及后薄扶林郊野公园于一九七九年成立，渔农自然护理署不断在公园范围内种植大量林木，所以在薄扶林郊野公园的植林区中跑步，你可以倾听不间断的蝉声，阳光穿透树叶的纹路洒在地上，映照出金色的影子，突然遇上微风吹拂，就如女孩的金色裙摆般摆来摆去……美极了！

然后我经过三号配水库，再上楼梯进入港岛径一段，于分岔路再转左上坡，进入山路，返回港岛径马路的尽头走下石级。由于赛前下起大雨，我唯有一边跑一边跳下去，我记得高手教导过不可以在一个接触点停留太久，否则就会更容易滑倒。

于石级尽头处右转进入引水道，返回配水库家乐径路，跑家乐径山路一圈后，我于分岔路口下楼梯返回郊野公园闸口，向下走往薄扶林水塘道入口，经大学堂宿舍旁小径，再跑回终点大学堂宿舍。

近日，身边朋友相继发生意外，加上阴霾的天色，我的心情也很郁闷，但看见跑友们众志成城，不断地加入团队帮忙打气，令人感动。我经过每一个义工时，都会对他们致谢，施比受更为有福。什么人可以理解我们的情绪？只有真正的朋友！

“在欢乐时，朋友认识我；在悲伤时，我会认识朋友。”纪伯伦说。

毅行者：你没法一边忧虑，一边快乐

回想一年前我从半马的距离“大跃进”，尝试挑战全马。在努力训练的时候，我找到挑战自己所带来的成功感和快乐感，就是一步步增加里数！训练、饮食、休息、复元，再训练，再挑战！虽然不能在四小时内跑完42.195千米，但我跑出了四小时二十分的成绩，也算是对自己有一个交代。

第一个全马，我为自己定了四小时三十分完成为目标。记得有人揶揄我：“素素，四小时三十分完成？你可以吗？”其实我听后并没有生气，只是觉得自己能力有多少，无需别人认同，而对方也不应以自己的眼界来看待别人，恣意评价别人。

此时此刻，我参加了两个半月后的一百千米毅行。如果是平路跑，我或许还自信满满，但穿插有崎岖山路，我其实是很怕的！恐高的我，连乘手扶电梯由朗豪坊的地下登上二楼，我都会脚软。去挑战凤凰山，这是我始料不及的。在机缘巧合下，人总是不知不觉的，被上天“逼近”，一而再地去挑战自己的底线。

比赛当天由早上八时二十分开始，我一步一步地登上全港最高的大帽山，全港景色尽收眼底。沿途看见稀有的蓝色蜻蜓、银蓝斑点的蝴蝶、金褐色的胆小松鼠，不用相机将之拍下，这些珍宝已经尽收在我的脑海中，永不忘记。

我与队友说，这麦理浩径十段走两三次就闷了，毅行教父KK Chen是如何走了整整十八年呢？现在静下来想一想，我想是因为每年的心态和一起走的朋友都不一样吧？能够对同一件事感受万千，就是因为人与人之间所擦出的火花不同。

我们或许不是十多年的老朋友，年纪甚至相差十几岁，但因为相同的信念和兴趣而拉扯在一起；像同事，像父母，是谁，我们没法预先设定，但对人对事的看法和角度可以改变，我们没法一边忧虑以多少小时完成毅行，而一边快乐地享受训练的过程。

毅行教父KK Chen曾经说过：“山上的人，都是朋友，无分你我，互相帮助。”

当然，朋友分很多种，但能够走在一起毅行一百千米的，他们在你的生命中一定有其意义。人生没有很多年，一眨眼就过了，为什么不珍惜身边的人与事呢？毅行的真正意义是四个人一条心，攀山越岭去完成比赛，但如果人沉浸在成绩的高低和竞争的虚荣中，心就被蒙蔽了。回头想想，那还算是什么毅行？

今年，我要去挑战走一百千米，这是我始料不及的。它对于你可能轻如鸿毛，但对我的意义却重如泰山。我要不断地提醒自己，我们是要走一个快乐的毅行！

（本文写于二〇一三年，第一次参加一百千米毅行前夕）

毅行者：挑战自己，不设底线！

参加毅行前，我从来也不明白上天为什么给予我作为毅行者的挑战，只有六分之一的抽中机会，几乎与东京马拉松一样难（十分之一的抽中机会）。当我们一行十二个人去抽签的时候，我们没有想过竟有四队人入选，换言之，是全部想参加的人都可以参加挑战。

想当初，对于什么是一百千米的山路，我完全没有概念，因为我一年前才懵然挑战深夜“Moontrekker”二十六千米之凤凰山比赛，竟然也用了七个小时！我其实本来只是想帮大家去抽签，但我在等待结果的那一个月，在夜晚爬山时因为下雨和在泥地上跑而扭伤了，不能跑步的日子，感觉生不如死。这样的描述一点也不夸张。

我不想那么辛苦，我不想去毅行，我只想跑路跑，但如果真要毅行，我也会勇敢面对。

“跑步是力量，而不是速度；是孤独，也有一种跟其他人连结的韧性。跑步跟信任很像，不需要理由和动机；也跟呼吸一样，是我活下去必要的手段。”（出自三浦紫苑《强风吹拂》）

我开始时因为恐高，在针山练习时吓得哭了出来，我痛苦地问自己为什么？每星期六日苦练，被日晒至脱皮，踏上暴雨中的西湾山急流，晚上做噩梦，梦见自己从高处堕下至惊醒，我是参加越野赛的新手，面对内心的恐惧，是难受的。

当然，爱玩山的人士并不明白我为何如此惊慌，他们的反应令我想起一位老朋友，他坐登山缆车时全身冒汗、紧握扶手并惊恐大叫，当时我也不理解他，但我现在感同身受。

然后，在参加毅行前两日，很难得全家人坐在电视前吃饭，电视节目在报道猛龙队如何在又盲又聋的情况下，挑战一百千米的难行的山路。他们走的每一步要用两支登山杖夹住对方的大腿而行，要喝水时就用手拍对方互相提醒。我看得热泪盈眶。因为他们，我不想再退缩，我要完完全全地完成一百千米！

参加毅行的当日，其实没有想象中辛苦，我跑了三十五个小时三十分钟，过程中还担心别组多于自己，感动于别人受伤了还要坚持以四十个小时的成绩完成，听说有许多人在途中经历幻听和幻觉（例如，以为有谁在与自己说话，但睁眼却没看到人，或者感觉满地英文字或虫子，或者感觉自己穿透过了一座建筑物等）。

今日毅行结束，曲终人散，但在许多人心中种下了根和情结。原来挑战自己未知的极限，根本不需要设底线，若你从来不尝试，就永远不知道毅行原来这般轻松，当然，过程中也要靠队友和拉拉队的支持，以及事前坚持训练等。有人只练习三次就去参加，有人受伤，有人退出，有人轻松完成，但我自己从来没有一步登天的天赋，训练不是一朝一夕就可以完成的。我曾经退缩，但最后总能调整心态，重新面对。

我很高兴自己能影响身边许多人，无论他们准备明年初次挑战毅行，还是一些想开始跑步的朋友问我意见，我都很开心与他们分享心得，因为我们都一样，对未知充满疑惑，但能勇于面对，并逐步解开心结，直至豁然开朗！

以后，对于挑战自己，我没有预设任何底线！感谢你们每一个人！是你们让我成为特别的一个！

港大百周年慈善环岛跑

数月前已经完成了“Nike Ultimate Marathon Training Program”，但我们一班有志之士仍然锲而不舍地准时在每个星期天上午十点整，跑遍香港岛不同的街道、运动场等，然后去寻找美食。因为期间跑者最大的获益是：尽情大吃大喝不需顾忌！呵呵！很羡慕这一点吧？

几个星期前，我们其中的二十八个人，勇敢地报名参加港大百周年慈善环岛跑，为什么说是“勇敢地”呢？因为那是由凌晨两点开始至七点的耐力挑战，比盲侠行更刺激，大家要面对赛前自己给予自己的各种恐惧：困倦及疲惫的身体、漆黑无人的马路、滂沱的冷雨等，再加上我们其中许多人当时也只跑过十至二十千米的距离，对于自己是否能顺利完成三十八千米的挑战，我们的内心实在是七上八下。

在比赛前两天，我因为要休养身体而停止跑步训练，忍住不跑，身心痒痒的，大家在Facebook上分享吃什么，准备怎样的运动服，做什么轻量的运动如瑜伽、踏单车，等等。时间一如既往过得很快，期待已久的四月二十八日终于来临！

四月二十九日凌晨两点起跑，由港大跑至铜锣湾、柴湾、赤柱、清水湾等，共三十八千米，当中要经过许多长斜坡、一条条漆黑的山路，还冒着大小雨。虽然恐怖，但有拉拉队和警察叔叔不断探访，每四千米有学生们纷纷为我提供水、宝矿力、香蕉、土豆片、果汁糖……殷勤而热情的他们，实在激励人心！加上教练、拉拉队和Nike负责人驾车或骑着自行车沿途支持："阿素！这样跑就对了！""别人已经在走了，你还是用跑的！""加油呀！素素！"我的朋友Ivy Ho已经在我身旁叫喊了不下十次！看她那紧张的表情，我甚至以为自己在生孩子呢！每次我都学日本人只回应上一个"是！"字以省气力，哈哈！

最难过的是在柴湾长斜坡途中下起雨来，还有接近浅水湾处那漆黑的马路，我当时一边跑一边想，为何热爱跑步的人，会那么疯狂地从虐待自己中获得快乐呢？内心的恐惧、怀疑自己的能力、害怕黑暗中有什么出现……我们一直在这样的心理交战中挣扎。不过，通过看看自己的影子和树叶的影子重叠、侧耳倾听遥远跑者的脚步声，还有山上看台的灯光、清晨鸟儿的歌声，就能一里又一里接着跑，不断昂然地踏过了！

另外，沿途遇到两位把鞋跑烂了的跑者，有一位脱掉那只烂鞋继续跑，于湿透的地上印上了一个又一个脚印，我在他后面看着这些脚印，不知为何突然就感动了。我说:“加油呀！我们跑到二十八千米了！”他说:“是吗！不过我的鞋烂掉了，地面很硌脚啊！”而鞋烂了的另一个人就索性不跑了，只是走。

马拉松真的让我学到许多，虽然跑步前后可以和大家聊聊天，吃吃饭，但跑在路上，踏出的每一步始终都靠自己，就算跑至迷路，跑至疲惫不堪，所支撑自己的，除了沿途的支持者，最重要的还是自己的信念和坚持！

我现在甚至会寻找陌生的、风景怡人的地方跑步，就算那些地方没有淋浴处，我也不管，恶心就恶心吧！（不过，曾经在回家途中，路人惊讶地看着我湿淋淋的头发，坐车时也有旁人以为是他自己身上有汗味，而嗅一嗅他自己的衣服！现在回想他们的神情，我也不禁笑了！哈哈！对不起大家啦！）

加油！让我们一起努力过好自己的马拉松人生，以及人生的马拉松！

（本文写于二〇一三年，健身室中的脚踏车上，跑完马拉松环岛跑后肌肉酸软的感受中）

赤子心，赤足跑

近年兴起了赤足跑的潮流，许多运动品牌商也争先推出了以此为设计理念的跑鞋。其实，我们天生就会赤足跑。

年前在运动场跑步，看见有位伯伯赤足跑，我心想他在做什么呢？今日的我，每星期六在孙中山纪念公园内的偌大草地，参加别人精心设计的赤足跑训练营，感觉很不一样。近百人一起丢掉跑鞋，一起赤足踏上沾满露珠的草地，像踏上了一块软绵绵的地毯，让皮肤感受空气、草地的气息，你会不禁像是回到过去，回到儿时，重温赤脚满地奔跑的快乐！贴近自然，贴近自己。请你真的去体验一下，你就会明白那种感动。

某年的半马比赛，在比赛途中下起了倾盆大雨，我脚上的厚袜子因沾满雨水，犹如千斤重。我便丢掉了袜子，只穿一双鞋，但因脚跟损伤，唯有狠心连鞋也脱掉，我手各提一只鞋，赤脚完跑二十一千米的路程！

如果大家已有一段时间没练习跑步，我建议找一些六千米多的路线，轻轻松松开始跑季的长跑训练。如果你在港岛区工作，要找体育馆放置随身物品并不难，但要找到既有绿草如茵的草坪，又有海景的跑步路线却很难，而位于上环西营盘东边街的孙中山纪念公园就具备上述两个条件。

我脱掉跑鞋和袜子，赤足感受草地的湿润，凉凉的、亲切的，像回到小时候赤足跑的岁月。人类天生的跑姿就是前脚掌或全脚掌落地，由于前脚掌比足跟接触地面的面积宽广，所以，以前脚掌或全脚掌落地，跑步时就能大大降低扭伤足踝的几率。

我于年前因为太习惯现今舒适跑鞋的软垫和支撑足弓的设计，在越野山赛中恣意以足跟重力落地，导致足踝扭伤，经历了为期三个月的治疗和休息。物理治疗师教导我以赤足前趾夹起毛巾，或以赤足趾尖支撑身体，从而训练筋腱的强健。如果大家对赤足跑理念有兴趣，可参考克里斯托弗·麦克杜格尔的著作《天生就会跑》，书中说“没有爱，我们不会出生；没有速度，我们就无法存活”，真是金科玉律！

在草地上做好热身准备及慢跑，然后穿回跑鞋，由公园向中环码头的方向跑去，途中经过信德中心，跑至十号码头也只是三千米多的距离，可以在摩天轮底下的欧陆特式的小餐厅中小休憩、补给，然后向原路跑回孙中山纪念公园，全程七千米。

朋友说我们疯狂，其实不然。世界各地许多的赤足跑者，在下雪天也仍然会赤足跑。赤足跑不是贪玩、扮酷，而是学会正确跑步的快捷方式。因为当你弃掉跑鞋的重鞋跟，赤足落地时，你会很自然地用前脚掌落地，也会用全身协助提腿和每一步起跑。每星期试进行赤足跑几百米，让自己记住步伐和身体的姿态，再辅以练习正确跑姿，以及在跑步前后配合适当的热身运动，你会发觉赤足跑前后是不一样的。

你可以不顾及别人的眼光，独自赤足跑吗？我可以，为什么你不可以？

跑者·不是跑者的二三事

渣马比赛在即，已经历多个月在星期六、日早上五六点起床练习，比上班还早！有时更因为比赛，早上需要三四点就起床吃早餐及做各方面的准备，（因为要在比赛开跑前三小时吃早餐，更要排走身体内多余废物……你懂的！）这令我深深明白，跑者与非跑者的生活习惯有着天渊之别。

笔者以前是某啤酒品牌的市场推广部主任，现在转投到运动，生活习惯已与前大为不同。与曾经的同事吃饭聚会的习惯，以及平时对话的内容，已大相径庭。

每逢晚餐聚会，就算是吃火锅，我也要点白米饭或乌冬面。如果没有淀粉类食物，如果只在跑步途中吃能量胶，我的身体实在无以为继啊！

跑者如我，如果要以早上六时起床，八小时睡眠为标准，那晚上十点上床睡觉就是很正常的吧？九点多就开始打哈欠也不奇怪吧？非跑友却埋怨道："什么？我说话很闷人吗？又打哈欠！"而跑友们多数会尽早打道回府休息，收拾行装为翌日早上的比赛或练习做准备。

早上，跑友们的聊天群，于五点六点就已经开始互道早安了，大家兴奋地交流各地区比赛的实时报导，而非跑友呢？睡到不见太阳也不起床呢！

早餐方面，跑友和非跑友更是非常不同。许多跑友多年来始终地吃麦片、白粥、香蕉等，而许多非跑友也有一餐没一餐的，吃与不吃对他们无所谓。但跑友们深知每餐均衡吸收营养的重要性，少吃一餐绝对不行！（除了在山上下不来时，只能吃能量棒、蛋糕）

身体状态方面，你很少会看见一个跑者伤风感冒，除非大家忘记跑后保暖，或跑完全马、训练太多而导致抵抗力下降。否则，以半年为单位算，跑者很少生病，就算有些感冒，以我的经验而言，吃一次药、吃一大碗饭、睡足八个小时，就没事了。至于非跑者感冒，近日看见许多人没有一两个星期都无法复元呢！

我的新陈代谢也因为跑步而加快了，头发、指甲隔几日又长了，而皮肤也越来越好。有的跑友快四十岁了却仍像三十出头的模样，难怪他太太要把他看管得牢牢的，哈哈！我弃掉所有粉底，老朋友还非要凑到我脸上，看我是否化妆！

精神压力方面，除非跑者对自己的跑步成绩过分苛求，否则对于各方面来说，跑步是舒缓生活压力的良方。一些在投资银行上班的跑友，也是因为想舒缓工作压力而开始跑步，只要每次跑四十分钟以上，在对着山和海的跑道上跑，什么都放开了！我们那么渺小，在世上只是潇洒走一回，什么东西值得那么执着呢？压力没了，睡眠质量也改善了，一觉睡到天明！

在这个渣马比赛在即的重要时刻，更看见跑者和非跑者的许多不同，在训练的跑道上竟然有人停下来按膝盖或看似抽筋的样子！报纸上所说的临时抱佛脚就是这些人吧？如果跑步里数循序渐进，跑姿正确的话，绝不会在跑了十千米后就需要停下来按膝盖。我看在眼里，心里不忍，希望在普及跑步之余，大家也可以参加一些跑步训练班，获得专业教练的意见。

渣马比赛在即，愿大家平平安安跑完后去庆功！

附记：

非跑友看大棠红叶会由元朗乘车入，跑友们却由荃湾跑入，共三十多千米！哈哈！

渣马比赛开始前的倒数日子
——从心态到饮食

年度跑步界盛事——一月份的香港地区马拉松赛事即将举行，热爱跑步的我们，训练也应该到达最高峰的状态，例如，全马挑战者，星期六日的长课训练应已达三十五千米左右，又或半马挑战者的训练课应已达十五千米或以上。除了星期六日的长课，平日也会以变速跑、间歇跑来做心肺和肌肉力量训练等。

然而，密集式的训练，如果肌肉力量不够，或者跑姿错误，在增加里数的同时，问题也会随之浮现，进步与受伤就在一线之间。就算我们这些跟着教练训练的也一样会受伤，为什么？因为我们不自律，不肯按照时间表去跑，或者说得更直接一点：自以为是。

我身边的许多跑友都受伤了，有因为突然加速而大腿或膝盖的筋拉伤的，有因连续跑五日十千米而导致小腿肌肉坚硬和足底筋膜炎的，有因训练不足而去跑台北地区全马，因而导致前胫骨痛的，等等。说什么对运动员来说，痛和受伤是常事！什么？还记得我们只是业余的吗？

我心痛，因为我们原本为健康和快乐而跑，现在却因为跑而损害健康，我们还想跑一辈子吗？我也被教练训说要么跑山，要么跑马拉松，不能两者兼顾。因为每星期可用的时间和身体的能量就只有这么多，而玩山赛和玩路赛根本是两种完全不同的训练。当然，我们可用少许的越野跑作为跑马拉松时的肌肉力量和关节反应的辅助训练，但十个小时以上的毅行，走山的肌肉负荷与四个小时的路跑确实是截然不同的两回事！

陈家豪教练说："认清楚自己的目标，不是每次都要赢，训练与比赛要分辨得宜！"对！你让我们学到许多！不论是心理上的，还是身体上的！

全马比赛开始的一个星期前，有许多跑友开始减少碳水化合物，只吃菜和肉的日子令有些人不习惯，有的人会感到头昏脑涨，甚至导致情绪不稳。至于我，从不会做一些和平日大相径庭的事，因为如果因此病倒就得不偿失了。根据香港理工大学康复治疗科学系的杨慧教授分享的经验，我们身体最多能储四百克糖原（由碳水化合物转化），如果我的体重为五十公斤，跑全马要用二千一百一十卡路里能量（42.2km×50kg），因此，在比赛途中吃能量胶的重要性实在不能忽视。

我在全马比赛开始前的倒数日子总是怕生病怕得要死，也会吃维生素 C 的冲剂。姚洁贞教练就会用她的大眼睛看着我问："为什么不吃水果，反而喝那么多冲剂？"

果然，教练说一句，胜过别人说十句。现在我每天吃两个奇异果，吸收维生素 C 之余也辅助吸收铁质。铁质是构成血红素的要素，血红素在血液中负责运送氧气至肌肉细胞，供给我们运动能量，女运动员尤其要特别注意吸收铁质。我在夏天长跑时因出汗太多导致缺铁性贫血，苏凯男教练建议我吃黑豆。

另外，跑者也要喝巴戟杜仲汤，可以健筋骨、益气。

最后，祝大家可以安全快乐地跑一个马拉松！

香港地区超级马拉松：挑战相同的风景

二〇一六年五月，十名“香港精神队”队员，一起在香港体育学院连续跑二十四小时，总共跑完一千八百多千米，以求打破十人以二十四小时的成绩跑完总距离最长的世界纪录。作为以破纪录为目标的拉拉队其中一员，我明白了一个高深的道理，也因此开始质疑自己的意志力。

之前，我以为对自己来说，二十四小时的跑步赛事应该尚能应付，经此一役后，我才发现，原来如果要我在平路一千米一圈，不断地跑二十四小时，我不一定做得到。

我曾以平路跑四小时十九分完成马拉松，又曾以六至三十五个半小时完成越野比赛，我想如果要我二十四小时不断地跑超级马拉松，应该可以做到吧？但早前我在体育学院内仅仅跑了六圈（约七千米的距离），除了因为天气炎热外，那种沉闷、一路相同的景致，使我“似乎”不能再继续跑下去。

曾经可以在四百米一圈的运动场上跑十千米或在跑步机上成功挑战半马（即在跑步机上不断地跑两个多小时）的我，现在只不过在同一个地方跑一小时，为何我已经很想离开了呢？

跑步的人，会明白我常说的“跑步的孤独”，人类始终是在群体生活的动物，要自己一个人去承担这种挑战，那种感觉并不容易度过。在与一位朋友交谈间，才知道他将于一星期后，会参与这个以破纪录为目标的跑步挑战。

由于朋友在跑步界很受欢迎，我只在 Facebook 问了一下，就已经达到一呼百应的效果，两日内已有约二十人私信向我查询作为支持他的团队的事宜。不过，其实朋友已经准备好所有他自己在二十四小时内的必需品，所以我们也只是负责递上物资而已。希望他可以跑出更好的成绩。

“超级马拉松”以时间或距离作为单位挑战，即五十千米、一百千米、一百英里或连跑十二、二十四、四十八小时等。一般来说，其实只要超过 42.195 千米的马拉松就已经是超马。但严格来说，超级马拉松需要于一个特定范围内，以一圈约一千米的距离，不断地跑二十四小时以上才是正统的超级马拉松。所以又回到那个一直在我心中的矛盾上：有能耐跑一百千米山赛的人，未必有跑道路马拉松的意志力。而有能耐跑完 42.195 千米马拉松的人，也不一定能够完成正统的一百千米山路，甚至五十千米的超级马拉松。

你会说："不同的跑步项目，当然不一定能够完成。"但我会问："为什么不能？"

每次看见那个常以十多个小时完成一百千米山赛的前辈参加二十四小时超级马拉松时，一边闭目养神一边跑，甚至要徒弟左右扶着，有次还因为失温而披上救生毯，我在一旁看得啧啧称奇。

因为这位前辈，我问自己："既然你可以以二十四小时三十分钟的成绩完成一百千米山赛，那么你可以完成二十四小时的超级马拉松吗？"

香港地区超级马拉松：如果怯，何以爱？

——说说运动的纯粹

在香港地区举行以一圈约一千米的超级马拉松的机会不多，然而一百千米的山赛却是愈来愈多，规模也愈来愈大，甚至能够与国际赛事齐名。

在香港地区举行的国际性山赛中，有不少选手因仰慕香港地区山野的难度和独树一帜的密集楼宇、环山小径的景致，而专程由法国、西班牙、德国、新加坡等地飞来参加越野挑战赛。但绕着公园或运动场跑二十四小时的超级马拉松呢？甚至在中国台湾地区或日本以超级马拉松为名的中国台湾东吴超马和日本东京神宫外苑超马，也很少见到欧洲人，当此超马不同彼超马的时候，原来参与人种以及各人所认为的难度会相差那么多。

相反，恶水超马、沙漠超马，甚至北极的超马参加者的国籍十分多元化，究竟是为什么呢？是因为围着圈跑十分沉闷吗？虽然一般来说，超过42.195千米，不论是跑圈还是跑山，都是超马，但我实在对仓鼠跑圈般的超马始终敬而远之，那种精神上的倦怠是如何度过的？我很好奇！

对我来说，虽然已跑步六年了，但在跑步方面还有许多未知，像有许多无底深洞尚未探知，或者像以前在儿童乐园玩的“打地鼠”，会突然从许多不同的黑洞中弹出不同的道理，要逐一打破，才能完成此游戏，而当中所赢的奖券，可以让我换到什么人生礼物呢？

不跑步的朋友常以为跑步很闷，常问我在跑步时想什么，我的答案就是“什么也不想”，放开自己去接受沿途任何的景致和人，这样才能与自我对话，甚至可以说，那是面对自我的稀有机会。那次站在一位刚跑完二十四小时超马的朋友身边，听他接受记者的访问，当那位朋友被问及，在二十四小时内一边跑一边在想什么？他说可以看看树，忘记不开心的事（他很明显是跑得呆了才说漏了嘴）。而那位六十岁的跑者，就是在粉丝们陪跑之下愈跑愈起劲！实在令人肃然起敬。

在刚结束的超马比赛中，我看见人生百态，这是我在六年前未开始跑步时所未能料及的，我看见了自己的许多方面的进步，也见证了跑步这项运动已经不像以前那么纯粹。资深的跑者们内心应该纳闷，或已经超然得没有特别的感觉。

常有人说香港地区的运动员不是很差、香港地区的运动员也可以晋身奥运或国际性赛事……我以为那些要背负着自己名声的人已经够累了，还要背负着香港地区的名声，运动对他们而言，已经不再是当初的纯粹的意义。

当事情变化后，已经回不去了。

那么，运动的纯粹是怎样的呢？

一、分享的纯粹

有位香港地区的马拉松选手在社交媒体上说可以与外国选手“并驾齐驱”真开心。她说惊讶自己竟然跟得上他们。就是这么普通的一句话，就已经惹来不少闲言闲语，还要她删除留言。说到底，这位马拉松选手只不过是一个普通女子，努力做自己喜欢做的事，突然成为名人，于是说话、点头、走路就要活在别人甚或大众的眼光底下。好在，我心中真正的女神也没有因为别人的闲言闲语而动摇自己。

二、比赛的纯粹

年前，林丹与李宗伟于羽毛球世锦赛再次对决，林丹已暂退休养，半年没参加世界赛的他，对于能够再与李宗伟对打很珍惜，所期望的只是继续对打下去。

李宗伟在每个世界比赛中都很努力，总排名世界第一，但每次面对林丹，也还是输。初次输可能因为能力，但以他在世界比赛的成绩，我相信他输主要是因为心结。他跌倒的那一刹那，身心是多么痛！要解开运动员的“输赢”心结，只有他自己可以帮自己。后来，在巴西里约热内卢奥运会的羽毛球男单四强赛上，这对宿敌再次碰上，李宗伟终于击败林丹，赛后两人惺惺相惜，互相拥抱的一幕，太让人感动了！能够跨越自己给自己所设的障碍，实在令人振奋！

三、追求梦想的纯粹

马拉松选手周子雁在年近三十岁时，决意转为全职运动员，无论对教练还是对她自己，这都是极大的挑战。试想你已年近三十岁，还会有胆量转行吗？因为钱、职位和人脉的建立的关系，我们很难会这样做，而会这样做的人就只是为完成他们自己的一个梦想。

我还看见子雁鼓励自己：Kiplagat 于三十三岁时在世界马拉松赛中还能两次夺得女子组金牌。如果努力，如果有信心，有底子的子雁也必能再代表中国香港地区进入世界比赛。

李宗伟不是林丹的手下败将，而周子雁也不是因伤病而一蹶不振的弱女子。他们在最黑暗的角落，最懦弱的时候，看见真正坚强的自己！

夏天的马拉松备战训练

一、作息与练跑

有人说夏天是跑者的休息季，但这些年跑步，每个星期不跑总里数三四十千米，周日不跑十五至三十千米 LSD（Long-Slow Distance，长距离配低心率的练跑），一天下来，就好像还有什么事情未完成，比如，像没有刷牙，生活会变得不完整、心情不舒畅。

所以无论多忙，我也会一星期最少跑三次。夏天这几个月来，白皙的我已变成了黑炭。如果不想再放任自己和阳光玩游戏，我们究竟要如何解决因高温、强烈紫外线和身体缺水而导致不适的情况呢？

跑友们近来奉行晨跑和夜跑活动。我早上五点起床，六点起跑，在青山公路已遇见不下二十个跑者，而我也不甘示弱地跑了十八千米，汗由身上滴至脚跟，连鞋内也湿透了！如果要备战于十月举行的大阪全马，就要在夏天练出三十千米“烈阳神功”的距离和能耐，即要早上五点起跑，而星期五或星期六的晚上九点就要睡觉！我的天啊！

你说，夜跑或许比较轻松？教练说要跑前三小时吃东西，即下午四点就要在公司张口大吃，同事见我从早吃到晚，也觉得挺吓人的！

夜跑时想要再凉快一点，建议沿着海滨跑，例如，西九龙、大埔、荃湾等，或树影幢幢的山顶卢吉道、宝云道，大胆的人可以去香港仔沿坟场旁或钻石山殡仪馆旁边跑。我曾经在那里跑步，突然刮来一阵阴凉冷风，甚为吓人，跑的速度也就比之前快了，结果就达到速度跑的训练目的了。很是讽刺！

我独自在殡仪馆旁跑步，觉得自己蛮疯狂的，耳边听着打斋超度的往生咒，眼前一个个白菊花圈……我也曾经历过生死挣扎的边缘，要生不能生，要死不能死。我们今天能够安然健康地跑在路上，不知道明天会怎样？我们遥看星光，想念天上的先人之余，我们也要更珍惜与身边人相处的时光。

对跑步、对人、对事等的坚持和挣扎，一般人可以以轻于鸿毛的态度处之，一天跑，一天不跑；但对一些跑者而言，坚持跑的意念重如泰山，尤其是在夏天。

是沉重却实在的、内心的“坚持”引领我们一直跑下去！

二、补水及防晒

在获知被抽中参加大阪马拉松之前，我已在五月开始逐步增加长课的训练距离和间歇速度跑训练，而长课 LSD（Long-Slow Distance run）则由两小时增加至三小时。坊间有的说用总时间作单位好，也有的说用总距离作长课单位好，其实适合自己便是最好的，尤其在三十三度的高温下，每个星期要坚持跑半马以上的距离，跑友已经觉得我是疯子了。

那天早上七点，我在青山公路起跑，跑了三千米，我已经全身流汗，尤其头颅和面孔，我用手巾抹去汗水并嗅了一下，才发现自己的汗有点臭。跑了这些年，我才发觉自己臭？原来那是因为长时间在炎热、又湿又闷的天气里跑步才会排出的“油汗”。

排出油汗，即成功排毒，原来我们体内的毒素很大部分是以脂溶性形态存在的，而皮肤由汗腺和皮脂腺两种腺体负责排汗。汗腺排出的“水汗”含有水分、盐分、尿素、尿酸等。要持续运动三十分钟以上，皮脂腺才排出气味较浓的“油汗”。

另外，在炎夏进行长课训练要面对的挑战是适时补水、定时补涂防晒霜和防蚊膏。炎夏里，每跑十五分钟就要慢慢喝下几口清水。如果跑两小时以上就更要在中途补充矿物质、盐、糖和碳水化合物等，此时运动饮品就很派得上用场。但切忌饮用含有咖啡因的能量饮品，因为它利尿也令人心跳加速。如果流汗不止还要利尿，人不脱水才怪！另外，用水洒向头顶和颈部也能有效散热。

跑步是为了保持青春和健康，如果因为曝晒而使皮肤加速老化，实在得不偿失，所以我也会在跑前涂防晒霜，并戴上防紫外线手臂套，加上戴百分之百防紫外线的太阳眼镜，提防阳光侵害眼球，以免造成白内障或眼疾。原来戴太阳眼镜不是扮“酷”，而是懂得保护自己！

不过，每次在炎夏里练习全马，我也因为拿不准自己是否有进步而迷惘。这时，我会拍拍自己的肩膀说：“你可以的！你是有可能 sub4（四小时内跑完全马）的！”

冬天的马拉松训练

编辑问我，为什么你写夏天的马拉松训练而不写冬天的马拉松训练呢？我呆了一下，心想，冬天的训练，天气那么舒适，有什么好写的呢？但原来对于初跑者，确实是什么也不知道。

保暖和抽筋

那天碰见数年没见面的前同事在体育用品店买跑鞋，我们对望后惊叫，她一句“你这么多年都没变啊！”我一句“你身材保持得很好！”店内顿时热闹起来。她本来一直只打拳，在Facebook和报纸上看到我的文章后开始有意跑步（以能给予她这种影响，我很感动），她现在刚开始跑十千米的距离，正在向半马（即二十一千米）挑战呢！她知道我已由马拉松迈向超马，于是不断地问我有关跑步的事，其中第一个问题就是：“你戴手臂套是为了什么？”

由于在秋冬季跑十五分钟至三十分钟后，身体会开始发热，如果起跑时穿了外套，在比赛或训练时又要脱下来，既麻烦又浪费时间，跑步的人根本不喜欢有多余的东西束腰，而且在比赛中根本花不起时间去脱衣服，而手臂套则可随时褪至手腕，也可用来抹汗。当跑完后做拉筋缓和运动时又可以保暖。但要谨记，夏天款的手臂套有防晒的功能，有些手臂套在出汗后产生冰凉感觉，所以不要买错啊！另外，冬天跑完后，最好洗完澡再拉筋，以免着凉了，影响训练进度。

由于冬天时肌肉比较硬，跑前和跑后做拉筋、跑后做按摩、跑时补充盐和平日保持喝足够水分就特别重要，可有效预防在激烈训练时出现的抽筋情况，因为水分可有效地将矿物质运行至全身。我在二〇一四年大阪马拉松比赛中抽筋后，一直奉行此律，至今也没有再抽筋。身边有不少朋友比赛时小腿抽筋，除了因为其速度超过自己惯常训练时的速度外，在我的探问下，我发现他们平时也很少补水，尤其是男士。另外，咖哩和辣椒中的姜黄素，亦有助于减少肌肉疼痛。不知道日本的咖哩饭马拉松是否因为这点而诞生呢？

但冬天最让跑手感到困扰的，莫过于因为天气干燥加上不断摩擦皮肤而造成皮肤磨损，甚至出血。小则在跑后洗澡时才感到痛楚，大则不能继续比赛，后果真的很夸张！尤其是男性，最痛的是胯下内侧磨损。而我也曾胸前和背部、腰部、手臂内侧、股内侧于全马后擦损，就算完赛后全身肌肉不酸痛，这个皮外伤也颇痛！我从此学乖了，到体育用品专卖店买了跑步专用的防磨擦膏，不需要补擦，安心方便，自此上跑长课可以松一口气了！

而由于秋冬的天气，令跑者兴奋无比，有些人可能每天都跑不少于千米，忘记了教练所说的“休息是长跑训练的一部分”。如果忘记休息，就不能达至完整的训练。一星期七天里，我限制自己最多跑四五天。

另外有的说茶、咖啡和酒精影响睡眠质量，所以我在下午六点后一定不喝茶和咖啡，以免影响休息。日本人有泡温泉的习惯，可以加速全身血液循环，提升睡眠质量。如果家中没浴缸，可用热水加盐泡脚，这也可让冬天怕冷的跑友感觉好一点。

跑步时，我孤独，但不寂寞

曾经在少年某段时期，我们很渴望有同伴，想任何时候都在一起，说说笑笑一天又一天。无论在读书、玩乐、跑步、吃饭，甚至人生中，我们都希望至少有一个伴儿。这是为什么呢？是怕孤独，还是以为“在一起”就不会寂寞呢？

我作为市场推广人员，因为喜欢接触不同的人，了解和研究他们的行为，所以才入了这一行。但俗话说“做哪行厌哪行”，每天遇见许多不同的人，与不同的人打交道，解答不同的问题，要保持微笑，要不停地说话，有时皮笑肉不笑，挺累的。

独自跑步是少有的、自己与自己相处的时间，我不一定需要跑步伴侣，自己一个人也可以很舒心、很舒服。跑者一定明白我的意思。独自跑的时候，你的脸部表情甚至可以塌下来(如果你不怕丑或不怕别人说你脸臭的话)，而非跑步的朋友会常问，跑者动辄跑两至四小时，跑那么长的时间会闷吗？如果是超级马拉松，甚至要与自我相处十至二十多个小时，跑者心里究竟在想些什么呢？

其实，许多时候我什么也不想，像电影《阿甘正传》中的阿甘一样，只是一直在跑，因为喜欢跑而跑，别人却好奇地要为跑步冠以一个堂而皇之的原因：为慈善？为女权？为……？要说原因，喜欢就是要跑步的原因！

跑步比赛时，我曾经（现在也还是）常在大会的镁光灯底下摆好姿式与数十友人拍照，我有时候会看不清自己，甚至还会觉得迷失。

我从小就被教育要彬彬有礼，基本的假面具我还是会戴着的。有跑友会对一些比赛日常激动或者不满、动辄发脾气地抱怨，或许我们活在不同的时空，但老实说，我很羡慕他们的爱憎分明。

到底我是什么时候开始脱离跑友会的呢？大概是……当我明白原来跑友会也有人事之争的时候。当中有竞争，有小圈子，也会有在自己不在状态或根本不想的情况下，要跟大队以四分钟每千米的步速去冲刺运动场四百米的小圈圈。曾经，我在想保持对跑步的热爱和进步之间，找不到出口。

朋友问我，这些日子你怎么变得自闭了？我就会客气地说，想自己跑一下。其实完全没有回答他的问题，因为我没办法用三言两语详尽地解释我的想法，因为我们始终只是在运动场上擦身而过的人。其实我最想反问，为什么独自跑就是自闭呢？我脸上挂着一个“问号”面向着你，但我还是笑容满面的。

只有独处的时候，才有机会和这个由出生以来一直陪伴自己的朋友，也就是在和自我的倾心交谈之间，尽量尝试去了解自己。

长距离练跑就是要长时间与自己相处，所以和自己说话，就是不可避免的事。我会想“海边的鸟很自由啊，它们也没有人生计划，但它们什么也不怕”“为什么自己和路上的跑友，下雨了还在跑，傻吗？”“跑完喝杯什么牌子的啤酒好呢？”……像电影《阿甘正传》中的阿甘说:“不知人生路上会遇上什么人，就像吃一盒巧克力，每次都会尝到不同的味道，最重要的是享受过程中的每一步。”

而在马拉松比赛时，我会告诉自己“已经跑了四分之一了”“好！多跑两千米请自己吃粒盐糖！”“究竟我为什么要跑42.195千米啊？”“脚提不起来了，加油！绝不能用走的！”“跑完请你喝啤酒！不要停！”每次比赛，我都像精神分裂般，内心有自己、天使和魔鬼三种声音对话，不知道你们是不是同样遇上了这种“精神问题”，不过，有时候我也喜欢这种热闹，因为自己就是自己最好的朋友。

梭罗曾经说过，他认为寂寞有益于健康，“有了伴儿，即使是最好的伴儿，不久也要厌倦，弄得很糟糕。我爱孤独。我没有碰到比寂寞更好的同伴了。”

我却是不敢苟同，因为当我孤独的时候，还是会通过写作和体验跑步，和大家保持联系，我是孤独，但并不寂寞，这是我每次跑在路上，想起你们时的感觉。

跑步时，我孤独，但并不寂寞，因为我有我自己、你们，还有主作伴。那是我在现实或心理上跑向漆黑和恐惧时，心境依旧平静的原因。觉得自己不能跑完 42.195 千米、一百千米、一百六十四千米？“你若能信，在信的人，凡事都能！”（出自马可福音九章二十三节）

第四篇　跑步时，我孤独，但不寂寞

以跑，游历自己

引子　跑步是为了扩大生命的可能

二〇一六年年初跑完台北地区超马接力、贵阳马拉松后，我开始计划下一个跑步及爬山的旅程。从来没有想过，我能够将自己的兴趣作为副业，而更重要的是，跑到每一个角落也能与你们在一起。我一边跑，你们一边见证我的成长。那种将时空和地域的界限打破，跑者在当中相遇的感觉很奇妙。

许多年前，我任职的那间公司的酿酒厂在伦敦郊区。我去那里出差时，遇有空余时间，就会在周边的地方跑跑。别人劝我说因为时差问题，应该睡一睡，然而我若睡得太多，反而感觉昏沉，更加疲倦，何况我也不习惯在大白天睡觉。

在伦敦郊区的街道上，我放空头脑，然后到处跑，口袋中只带着公司给我的信用卡。“迷路就乘出租车吧”，我像豁出去似的，在心中对自己说。突然，天空中，横跨于怀旧英式建筑上的彩虹出现在我面前，那是我人生看见的第一道彩虹！那种既开心又激动的感觉涌上心头，不过像许多生命中的转折点，我只能独自面对，我默默地拍下这奇妙的一瞬间，然后向着彩虹跑去，一直跑至它慢慢消失于天空中。

在跑步的过程中，我们往往能通过感受大自然的奇妙来认识自己，例如，在香港地区山上突然下雪时感到迷茫失措，于酷热天气下冷静撤退，坚持在日出之前晨跑，看见彩虹时既欣喜，又若有所失地看着它消失，跑山时下起大雨，我心中臭骂天公不作美，但当看到雨后一颗一颗晶莹的水珠挂在树与树之间的蜘蛛网上，又豁然地双手合十、谢天谢地……

虽然跑在同一条路线上，但我们可以有不同的经验和感受。当明白生命中的无常、大自然的无常时，就会很想在还能跑的时候，游历不同地方，经历不同的人与事——在有限的假期到世界各地跑一跑，才明白自己于昨天所执着的事情，是如此愚昧。

我们不是上市公司的CEO，也不是那些银行大亨，一年有几十天的带薪假期，我们打工仔一年其实只可以到三两个国家跑马拉松，最多再加上一年一次的欧游跑山赛。要如何跑出生命中的无限可能，就让我为你们介绍这些年来，我一边打工，一边跑步、玩和吃的经历，领略各地的人文风貌吧！

跑友说我比那些跑北极、沙漠的人“接地气”，谁说我不会终有一天跑至离地呢？哈哈！来！让我们一起跑吧！

二月东京马拉松（上）

人生第一个马拉松

东京马拉松信息

比赛项目：全马及 10 千米赛

报名月份：每年七月

比赛月份：翌年二月

报名方法：网上报名

官方网站：www.marathon.tokyo/en/

我跑龄六年，当初从来没有想过自己原来可以完成全马赛事，回想六年前，我只以跑三千米为目标，后来教练说，你每个月可以增加百分之三十的里数，然后持之以恒。终于，我于二〇一三年二月二十四日完成第一个海外全程马拉松赛事：东京马拉松。那是我人生中具有里程碑意义的马拉松比赛！

日本东京马拉松虽然历史很短，但已于近年晋升至全球六大马拉松之一，体现了日本人做事认真和热心的态度！在赛事开始前两天，参赛者获邀到展览馆领取选手包，许多运动品牌商的促销活动让我们的钱包“大出血”：日本制造的超轻量赛跑鞋、专为亚洲人身形设计的压力裤、日本研发的蛋白质补充剂等，让我这个初涉马拉松比赛的人大开眼界！

许多朋友问我，独自跑数小时，不会闷吗？不辛苦吗？我答：在东京马拉松，我从来没有这些埋怨！因为由起点至终点，路旁围拥着许多日本市民（也有国内的朋友），有喊口号的、送水果的、拉横幅的、要与你击掌的……为了不让他们失望，我们奋力地跑下去！完全体现出东京马拉松的主题：“当我们在一起！ The Day We Unite！”

在跑手当中，更有许多人打扮得非常新奇！例如，一位伯伯身穿旧式西装服，手提公文包，打扮成要赶着去上班的打工仔；也有背负巨型十字架，于低温下，只身卷着白布，赤足吃力地跑着（看见这个，我很想哭，但忍着）；也有人于背上写上为何而跑的宣言：为仁、为家人健康、为考上大学、为“我们在一起”而跑！一切的一切，比完成马拉松比赛更令人感动。

跑过整个东京，跑手于所有地标如铁塔、银座前看见大会摄影也会立即上前“卡位”。终于，我以大会规定的时间四小时二十分跑完全程！当我挂上用汗水和毅力换来的金牌和印上东京马拉松地图的毛巾时，有朋友因为感动而哭了很久，但我为什么反而没有哭呢？我至今仍然在问自己。我想，他日我完成雅典或波士顿马拉松时应该会感动地哭吧？

大会为完跑人士预备了专业按摩师和温泉水泡脚的服务，虽说有那么多的完跑者，但等候时间少于十五分钟，我不禁赞叹其办事效率！

因为跑步，我们由平凡变得不凡。要坚持信念，继续在人生的马拉松中不停地跑着，从来都不容易！做一些令自己感动的事，才不枉此生啊！

1. 跑手背上写着为了何而跑的宣言：为仁、为家人健康、为考上大学、为“我们在一起”而跑！一切的一切，比完成马拉松比赛更令人感动。
2. 视障人士跑全马，实在不容易！
3. 在比赛开始前到皇宫外慢跑三千米，跑者们很帅吧？
4. 回到终点，看见摆放整齐的行李，不禁想日本人做什么事都这样认真，令人敬服。
5. 马拉松跑者喜欢在比赛开始前一晚将装备排好并拍照，然后上传至Facebook，从而引起不少朋友讨论，例如会不会穿得太多？带多少能量啫喱？比赛前半小时穿不穿外套？还是穿一次性雨衣？什么也要讨论一番！
6. 每次到日本也会买几十包入浴粉，加速运动后的血液循环，让身体快速复元。

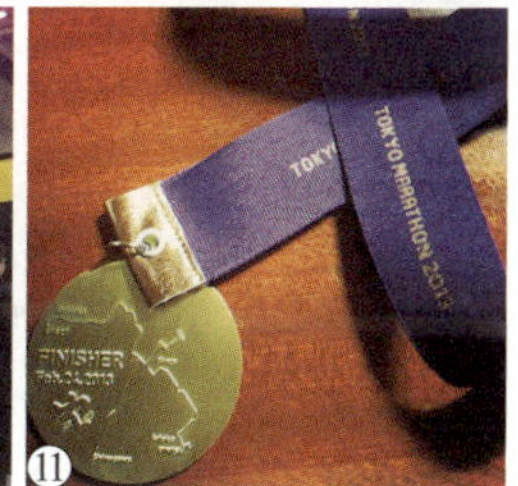

7. 于所有东京地标如铁塔、银座等，每当看见大会相机我也会立即上前“卡位”，留影。
8. 有跑手背负巨型十字架，于低温下，只身卷着白布，赤足吃力地跑着。
9. 大会给每个跑者一个“完走”豆沙包，吃完它就像哆啦A梦予我们力量一样，一定完赛！
10. 赛事开始前两天，参赛者受邀到展览馆拿选手包。我第一个马拉松就以用时四小时三十分钟跑完为目标，有朋友问我会不会太快了啊？对自己似乎很有信心？
11. 用汗水和毅力换来的金牌。

二月东京马拉松（下）

以支援者身份重踏旧地

东京马拉松的大会口号“The Day We Unite”（当我们在一起）至今已有十年的历史。二〇一六年大会标志以许多彩色的线交汇在一起，意味着来自世界各地、不同背景的人聚首一堂完跑东京马拉松，光看这设计就很让人感动。而东马晋身成为世界六大马拉松之一后，参与抽签人数不断攀升，但大会一直保持大约三万参赛人数。而二〇一六年度是东京马拉松举办的十周年，参与人数更是历来最多，共有三万七千人。东京马拉松于六大马拉松中是年资最短的，但其专业和认真的态度，实在令人赞叹不已！

由于东京市民热情高涨，加上沿路布满都会和郊外的景致，温度约八度，气候干燥宜人，是作为破PB（Personal Best，即个人最佳时间）之首选，故东京马拉松近年成为深受各地跑手欢迎的海外马拉松赛事之一。我今年有幸作为朋友的支持者，以旁观者的眼光，再次踏上这片旧地，也再次被一些人、一些事所感动。

国际马拉松多于星期日举行，而东京马拉松于星期四已开始以东京国际展示场为集中地，举行一连四日的展览，场内更有多个运动品牌商在做促销，尤其星期六下午海外选手到达后，更是挤得会场水泄不通，大家购买欲极为强烈。

我很喜欢那种百花齐放、落落大方的皇者风范，主办单位不会像香港地区马拉松比赛般限制非赞助品牌商进场展览，甚至有许多香港地区没有的、设计新颖的运动用品，例如，将预防运动创伤胶布技术结合于“phiten”跑袜中、立体RxL袜、赤足跑用的薄如纸“injinjin”人字鞋等。主办单位还贴心地替跑者打印标有其名字的配速手带和比赛地图，跑者可以将手带圈在手臂上，提醒自己与目标时间的差距。说起专业和细心，就是连一张纸都是高度防水的，以免沾上跑者的汗。

由于每天销售的产品和价格不同，我陪朋友逛了两天展览，

跑手于赛前为自己祈愿，希望能够再创佳绩！

有的朋友连续三天都去逛，更有甚者买了七十双运动袜，以致走得脚也酸了，还嚷着要穿压力小腿套做恢复呢！（通过穿压力运动服加速血液循环，带走肌肉中的乳酸废物，加速身体恢复。）我心想，我真要以此为鉴啊！如果要参加比赛，看到那么吸引人的运动商品展览，一定要深呼吸，保持冷静！否则一下子就走“爆”了！哈哈！

比赛当日，我在街上看见许多义工准备就绪，有道路管制的、有救伤队的，也有许多年纪较大的义工伯伯，我很欣赏他们服务国家的积极态度，就算天气很冷，就算是休息日，他们依然贡献自己的时间为大家服务。

我们一众打气团于马拉松的第三十七千米处，即筑地市场，

大会标志以许多彩色的线交汇在一起，意味着来自世界各地、不同背景的人聚首一堂完跑东京马拉松。

在瞭望台上看东京。

吃了刺生早餐后，就站在路旁耐心等候。大队跑至此处已经过了饭田桥、皇居前、日比谷、品川、银座、日本桥和浅草雷门。雷门外有传统的日本鼓手表演，沿途的小吃则有圣女果、麻糬、盐糖和香蕉等。

比赛开始了一小时四十五分，开路的自行车团队已经过去，直升机也开始于高空中盘旋，终于，掌声和加油的欢呼声开始传来，几个黑皮肤的人高速跑过，那是冠军选手吗？最后一个人以两小时零六分的成绩夺冠，这时，有些人连半马都还未跑完呢！

天气比预期的炎热，有些朋友以三小时三十分十秒和三小时零二十秒的成绩完成比赛的，其实很不甘心，跑友随行的太太问我为什么，我也就娓娓道出“sub3”和“sub3 30”对跑者的意义。当晚，大家终于解禁，可以吃油炸物、啤酒、雪糕，看见他们虽然一拐一拐地走路，但每人脸上都挂着满足的笑容，我很希望明年自己能够再次被抽中参加比赛！大家加油！

名古屋女子马拉松

幸福知多少？

名古屋女子马拉松信息

比赛项目：全马

报名月份：每年九月

比赛月份：翌年三月

报名方法：网上报名、旅行团

官方网站：http://womens-marathon.nagoya/en/outline/chinese2/

二〇一五年三月八日国际妇女节，我完成了日本名古屋女子马拉松赛事。不知不觉，这已是我完成的第四个全马。锻炼自己完成一个全马，除了为强身健体外，更令我感受到生命中的各种动人时刻。不跑步的人，会明白吗？

海外马拉松比赛开始前夕，最少有三天于当地大型展览馆展示各品牌商的运动用品，以便大家作最后冲刺。在那里能够买到新口味的能量棒、专业的运动压力衣、最新跑鞋等。购物固然高兴，但如果你是认真的跑手，比赛当日绝不会穿或吃自己不习惯的东西。虽然如此，我们每次却仍在馆内大量购置新品，想必气氛是其中一大因素。我喜欢那种大小所有品牌商同在馆内自由营销的感觉，可惜的是，名古屋和香港地区的情况一样，只售卖赞助商的品牌。如果你是购物狂，我建议你去东京马拉松。

不过，如果你女士，且是第一次跑马拉松，有信心以七小时内跑完42.195千米，那名古屋马拉松是不错的选择。因为你们都会获得由穿着燕尾服的日本美男子为你献上“Tiffany&Co.”特别版的项链。之后，一些男跑友在我回香港地区后，比我还兴奋，不断地问这问那。

“真的穿燕尾服吗？”“是呀！”

“他们化妆吗？”“一点点啦！”

“真的好帅吗？”“还好啦！”

男人真是好奇得过分，哈哈！

跑马拉松途中，更有多款小食如香蕉、小香菇形状的巧克力、软绵绵的牛油面包，还有七彩缤纷的当地年糕和柿糕提供。我有时停下来，看看远方的名城（名古屋古城）。身旁的日本男士问我来自哪里，问我知道那粉红色小食是名古屋著名的年糕吗？他递上清水，这种动作，比我身上的阳光还要温暖。义工们无私的精神很有感染力，他们不停地挥手、微笑、欢呼，为我们加油，为我们呈递上面纸。或许只是我大惊小怪、受宠若惊罢了，但支援者对跑者的关切真是无微不至！

比赛快要开始了，大会让跑手们一起做拉筋和热身，几万人一起左右摆动，很壮观！

比赛前到白川乡住了一晚，能够在温泉酒店泡一个热热的温泉浴，平日工作的压力尽失！我还在下雪的早上慢跑了一段。

身穿燕尾服的日本型男为你递上完跑项链。

义工们无私奉献的精神很有感染力，他们不停地挥手、微笑，为跑者加油。

马拉松比赛的起点从名古屋的巨蛋展览馆开始，经过名古屋市博物馆、肃杀的名古屋城、市政府、电视铁塔、大须观音寺等，这里虽然不比东京的建筑宏伟或繁荣喧闹，但这种小城给人的感觉很亲切舒适。沿路数处，我不禁为卖力演奏鼓乐的表演者拍照，全程绕行市中心一圈后，再原路返回巨蛋展览馆。

话说回来，女子争取能够跑马拉松比赛，并非一朝一夕的事，最为人津津乐道的是 Kathrine Switzer 于一九六七年乔装男子以“261”的号码布在美国波士顿马拉松起跑，她被工作人员拉扯的情形十分惊险。一个女子为了跑步而去挑战权势，并成功争取女子可竞逐奥运马拉松的权利。凭借她的信念，有什么不可以做到的呢?

今日我穿着背心短裤跑进大街小巷，可以如此自由奔驰，是因前人的争取而获得，实在让我发自内心的感动。

我们所拥有的一切并非必然，我可以用双脚去跑步，去体验生命，能够爱我所爱，已经是最幸福的那一小部分人，自当珍惜。

（本文写于二〇一五年，名古屋女子马拉松赛后）

行程参考：

www.yokoso-japan.jp/tc/index.htm

“运动 · 冲绳”之石垣岛马拉松（上）

深度认识冲绳

冲绳石垣岛马拉松信息

比赛项目：全马、24 千米、10 千米

报名月份：每年十月

比赛月份：翌年一月

报名方法：网上报名 / 旅行团

官方网站：www.ishigakijima-marathon.jp/

如果写作能令我看到世界，我也很希望世界能够看见我的写作。

这次我被日本冲绳旅游观光局邀请到八重山群岛中的石垣岛、竹富岛、西表岛进行为期五日四夜的马拉松及运动之旅。我在跑步、走山、玩瀑布、浮潜、游泳、独木舟、生态旅游等活动中，看见了冲绳霸主岛以外的另一面，这里是运动爱好者的天堂，绝对适合能量充沛的运动人、摄影人和文化研究者。

几天相处下来，我与当地的接待人员建立了一份深厚的情谊。当日本冲绳旅游观光局下属的度假酒店合作伙伴 Naomi san 用不太灵光的普通话问我："写作和跑步是令你开心的事吧？"我想了一想：跑步可能是令我快乐的事，但写作并不尽然，因为写作是一种交流的媒介，而与人交流和分享，才是我写作的最终目的。作为一个好动的人，于无数的时间独坐，并静静地写作，不尽然全是享受吧？

石垣岛马拉松已具有十五年的历史，近年更提出"运动·冲绳"的理念。我所体验到的与数年前到冲绳霸主岛时的感受很不同。数年前的冲绳还是以海洋馆、菠萝园、浮潜、机场附近的大卖场为观光景点，现摇身一变走出来面对世界，对外国人宣扬"运动·冲绳"中的灵魂岛屿石垣岛、西表岛、竹富岛等。我问冲绳旅游观光局的代表 Nakayama san，为何有如此转变？在大学读传播专业的她用英文向我娓娓道来："由于冲绳并不完全依靠本土的粮食，也没有大型的企业工厂，天气变化也很大，我们需要发展旅游作为地方的收入来源，庆幸的是，冲绳与其他国家的关系良好，采购粮食并不是问题。”

此“运动·冲绳”旅游团，我们一行共八人，以石垣岛马拉松、爬山、独木舟、游泳为主题，当中还有观赏迷人的日出日落、夜观千颗星星和流星、漫游珍贵的世界遗产红树林等项目，虽然行程非常紧凑，但事实上，五日也无法全部游完这冲绳八重山群岛啊！

日本冲绳由一百多个岛屿组成，位于日本的南端。由于在日本九州岛和中国台湾地区之间，从中国台湾地区到冲绳只需一个小时的飞行时间。从二〇一六年初开始，中国香港地区更增设直航到石垣岛的班次，从中国香港地区地区飞到冲绳，也只需一小时四十五分，故此如果想跑完中国台湾地区再来跑个石垣马拉松的“连马”跑者（即连续跑两三个马拉松，喜欢海外马拉松或嗜跑朋友的时兴），可以从台北城市跑到石垣大自然，两者会让你体会到截然不同的感受。

石垣岛是八重山诸岛的主岛，以出产有益于健康的黑糖、油脂平均美味的石垣牛和有益心脏的岩盐而著名。我从机场出来，已有一位贴心的翻译二郎先生在等待，机场分国外和日本内陆两个大楼，并没有免税化妆品或高价卖包包的商店，只有土产食物和纪念品，所以姐妹们要有心理准备，到石垣岛，许多时候钱只是用来买吃的。(正中我下怀，哈哈！)

从机场到酒店，沿途经过许多广阔的田地，此岛只有四万多人口，许多时候，在路上也能看见周围种着高高的甘蔗或一大片菠萝田。正因为石垣岛周长只有约九十千米，所以每次车程不会超过三十至六十分钟。头一天到达度假村式的酒店时已近黄昏，我们在酒店外的地道餐厅用膳，大家一起拍着手，欣赏古乐和传统舞蹈，并且共享一支“泡盛”(冲绳的地方酒，多以泰国大米和冲绳水源蒸馏而成，酿制过程几乎与五百年前相同，而以冲绳水和大米酿制的琉球泡盛，更是石垣岛机场的限定商品)。因为冲绳泡盛并不添加其他酒精或物质，并百分百蒸馏而成，翌日不会有宿醉头痛感，很适合我。

自称为“运动精神人员”的我，与真的运动员三铁教练Gary sir带着杂志总编，再回到酒店吃炉端烤石垣牛。石垣牛是符合日本食品安全标准的，雪白油脂平均分布，烤得又香又嫩。下次一定要试试手握的生石垣牛寿司！我只有在日本才有勇气吃生红肉！晚上回到酒店再到露天浴池，一边听蝉鸣、看星星，享受一个好天气、好心情，为紧凑的冲绳运动之旅做好准备！

“运动·冲绳”之石垣岛马拉松（下）

跑在零污染的小岛上

第二天早上六点半，我们于石垣岛度假酒店外围跑，沿着海岸看日出。从酒店到瞭望台只有约两千米的距离。被美景吸引的我，跑去看被日出映照成粉红色的天空。我与同行朋友跑完再才去考察马拉松路段。石垣马拉松除了全程比赛，也有二十四千米和十千米的距离，而且全程时限竟然是六个半小时，与名古屋女子马拉松的七小时时限只相差半小时，确实是体验初马而又想拿完牌的人士的极佳选择！

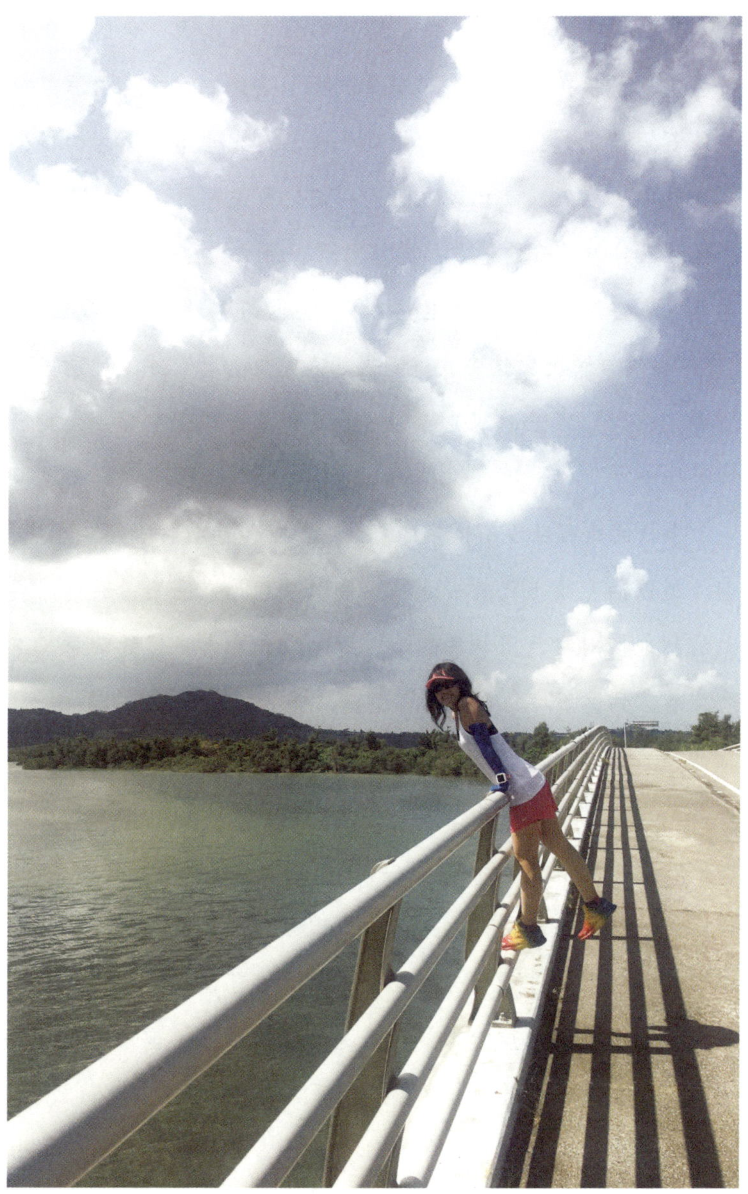

我们到达约十五千米处，到达那竖立在水天一色的海上的白色桥，不禁在桥上大叫:“好美啊！”要跑，就要在这污染极少的石垣岛上跑！说真的，几日下来，对比一下，鼻垢的多少和皮肤有否黑头，就已经说明了一切！要说冲绳之所以能够成为全球人口最长寿的地方，说起原因，除了饮食就是环境保护。同行人士突然说一句:“海里竟然一丁点垃圾都没有！”我回答:“你不要这样说吧！这令我感到很悲哀呢！为什么原本理所当然的事，在我们眼里，却觉得那么难得和不正常呢？那不是我们的可悲吗？”

全马的路程并没有太多的“暗斜路”，沿途有许多特色小店，墙外还以油彩绘上代表当地的热带水果和花卉图案，通过油画我看到他们对自己所居住的地方的热爱和对大自然的敬意。跑着跑着，到达石垣岛著名的宫良桥，桥上立着“宫良川红树林”纪念碑。宫良川是石垣岛最大的河川，全长十二千米，早在一九七二年已被指定为国家天然纪念物。灌木的气根表露在水面，宫良川的水清澈得可以看到在水中生活的小寄居蟹和鱼。

然后我们再跑到一大片的菠萝田旁，什么也不想，只一心渴望着完赛后的冲绳生啤和交流派对，看艺伎舞蹈表演。啊！跑海外马拉松的矛盾心态就是未跑时想快点开始跑，在跑时既想快点跑完又不舍得，这就是人生啊！

终点为中央公园，每年同日会在竹富岛举办石垣牛祭，由石垣岛坐快船到竹富岛只需十分钟，就可品尝牛肉汤、牛腿串烧，还有机会抽中一头石垣牛回家呢！

几天相处下来，我们一众人混熟了，谈论的议题更加深入。同行的日本人用普通话跟我说："很多人着急追求别人创造的'幸福'概念，看你的文章，就感觉到你在走自己的人生路，你很幸福啊！因为许多人并不知道自己想要怎样的人生，因而寻寻觅觅，或许有些人已经忘记寻找，麻木度过。"多谢这次的旅程，我所看见的不只风光如画，还有当地人高尚的人文素养。此刻，我既感动又心酸，我想我们都明白为什么。

"最重要的是保有人性和单纯。不，最重要的应该是真，那样就能涵盖一切了，包括人性和单纯。而还有什么时候，我会比和世界合而为一之时更真、更剔透呢？"（出自阿尔贝·卡缪《卡缪札记》）

夕阳西下，美丽可能是一瞬间，记忆却像道路一样长。

韩国春川马拉松

红叶、黄花绕岩湖

韩国春川红叶马拉松信息

比赛项目：全马、10 千米

报名月份：每年六月

比赛月份：每年十月

报名方法：网上报名 / 旅行团

官方网站：marathon.chosun.com/english/index01.ph

近年来，人们到外地跑马拉松的热潮不断高涨。旅行团开始邀请著名跑步教练，如陈家豪、冯华添等，带队出征海外马拉松。从赛前训练、饮食、比赛时的拍照、赛后恢复跑等，一条龙服务。而跑友在日本、韩国、德国、美国等国家参加马拉松的照片更不断在Facebook上弹出。近日碰见我的跑友，我也会第一时间说:“恭喜你韩马破（Personal Best，即个人最佳时间）啊！”

二〇一五年十月二十五日举办的韩国春川马拉松，是我人生第四个海外全马赛事，却是我初次跟马拉松旅行团出赛，方便与不便各占一半，总的来说，像我的名字“Soso”！

在韩国，语言方面有很大障碍，所以无论报名、试路、点餐皆由当地会说韩语和普通话的领队负责。我们在马拉松比赛开始前两天坐凌晨时段的飞机到达韩国仁川机场。由于飞往韩国的多是凌晨时段，所以如果要在比赛前获得充足休息，需要赛前两三日就抵达当地。如到有时差或气压不同的国家参赛，如参加德国柏林马拉松、英国伦敦马拉松、法国UTMB环勃朗峰越野挑战赛，务必提早到达当地，有助于身体适应当地环境，如天气、食物、气压等。

我最欣赏的，是领队在比赛当日细心预备的早餐。领队找到一间餐厅，早上四五点便替我们一行三十多人预备好热腾腾的黑豆蒸饭。来韩国之前还有队员买了个迷你电饭煲，看来只好留待他去欧洲参加马拉松时再用了。

一个马拉松的结束，就是下一个马拉松的开始。

我一直尝试跟着“4:00”的步速领跑员跑。

热腾腾的黑豆蒸饭。

到达起点，气温因日照而升至九度，湿度约百分之七十，很适合跑长途赛。韩国春川马拉松被誉为“秋天的故事”，全程可看到三岳山满山红黄参半的红叶，途经围绕春川市的衣岩湖。我跑在横湖大桥上，感受着大自然的伟大，继而慨叹我们的渺小。我瞭望满山的红黄色，外面的天空很大，心想在有生之年，真的要多游历一点，切莫固步自封！

比赛前，我还是雄心勃勃，但见大太阳和数条斜道，起步时已没有抱太大的期望。许多大型的马拉松比赛中，都会有不同的步速领跑员（pacer），他们背着一个写着完成时间的气球领跑。我一直在烈日下跟“4:00”的步速领跑员跑，以两小时五十九分钟跑完三十千米后，我开始慢下来，气球慢慢远离我至八百米的距离，并渐渐不见踪影。

虽然跑春川马拉松时不像首尔马拉松般经过著名建筑，却可一窥久违了的乡村风貌：农夫将一个个大如背包的大白菜送上货车，山上涓涓的流水流过我身边红叶缠绕的石墙，姑娘们在路边跳着民族舞为我们打气……乡村马拉松与都市马拉松相比，别有一番风味。

我不是精英运动员，我只是业余跑者，为缩短跑步的一两分钟而挣扎求存，希望最终以BQ（波士顿马拉松参赛资格）去支持自己达成理想。一个马拉松的结束，就是下一个马拉松的开始，就像在人生的每个阶段，在每个马拉松中都学到点什么，对吧？

新加坡马拉松

四分钟的意义

新加坡“Sundown”马拉松信息

比赛项目：全马、半马、10 千米、5 千米

报名月份：每年八月

比赛月份：翌年三月至五月

报名方法：网上报名

官方网站：http://www.sundownmarathon.com/

我们在市内的名胜周围跑，享受我们的玩、跑人生。

跑至十七千米时，我看到摩天轮的紫光，觉得很感动。

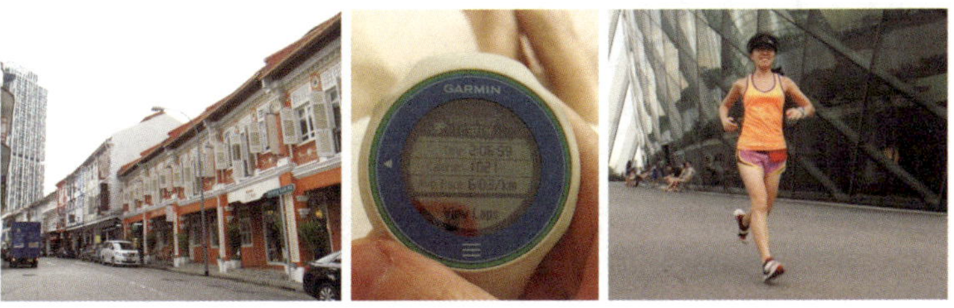

只有跑者才明白比之前快了四分钟的意义！

为了预备新加坡半马拉松，在完成二月东京马拉松后，我每月累积一百五十至二百千米的里数，于三十度高温下练习“烈阳神功”，只为不会在彼岸比赛的中途放弃。第一次在那么热的天气跑半马拉松，我对自己能够跑出什么成绩来心里实在没底。这次我是和与自己年纪差不多的朋友一起跑，竞争的心态一定有，但也不乏在赛前玩、跑、吃的环节。

比赛前两天我们经常在周围吃喝，尤其喜欢到市场内的餐馆，因为我们每人只叫了两款菜式，这样大家就可以互相夹菜，你夹我的，我夹你的，一起吃，很畅快。在吃喝玩乐过后我们还是会跑一跑，因为在马拉松比赛前一两天松松脚是我们的习惯，友人建议在市内的名胜周围跑跑，享受我们的跑、玩人生！

五月三十一日晚十一点半，我们起跑了！我们常在起跑道上迷失对方，但当一起跑向终点时，还是会再见，我们会互相拥抱或拍拍肩膀说一声：“终点见，加油！”就各自以自己的步速跑了。

当然有跑友的步速和我相近时，就不免互相想超越对方！跑者明白我说的是什么，人与人之间的挑战和比较是很普遍的心态，当自己努力去做一件事，而那件事对自己又有相当的回馈，你会发现自己还可以在无常的生命中掌握一点什么，这不是很值得高兴吗？

新加坡很热，湿度也很高，大会于每两千米处设水站，竟然也提供能量啫喱。跑到十七千米时，我看到星洲摩天轮的紫光，突然很感动于自己的所作所为，这么辛苦是为了什么？我想哭，但还是笑了，微笑可以令全身肌肉放松，可以笑，为什么要哭呢？对吗？对啊！（自问自答是长跑者普遍有的习惯）

比赛当中还经历了许多漆黑的路，但遥望前面的跑者，我就能鼓起勇气大踏步向前，相比以前没有胆量在漆黑中举步，实在天差地别。这些年来的赤足跑训练，在崎岖不平的草泥地上练跑，令我可以靠着跑上草地“超过”人群，获得两小时零六分的个人最好成绩，比之前快了四分钟！非跑者会觉得，四分钟算什么？但只有跑者明白比之前快了四分钟的意义！

下次可以两小时跑完吗？继续练“烈阳神功”吧！下一个马拉松训练，如箭在弦，蓄势待发！

“夸父追日”Chi Running

二百二十千米环台北接力跑

北台湾站二百二十千米夸父追日跨夜接力赛信息

比赛项目：十人二十四小时接力赛（220 千米、44 千米、22 千米）

报名月份：每年四月

比赛月份：每年六月

报名方法：网上报名

官方 Facebook：www.facebook.com/CrufuRun/

开始前，兴致勃勃地为随行的车队彩绘，并与“夸父追日”跑创办人詹仲凡合照。

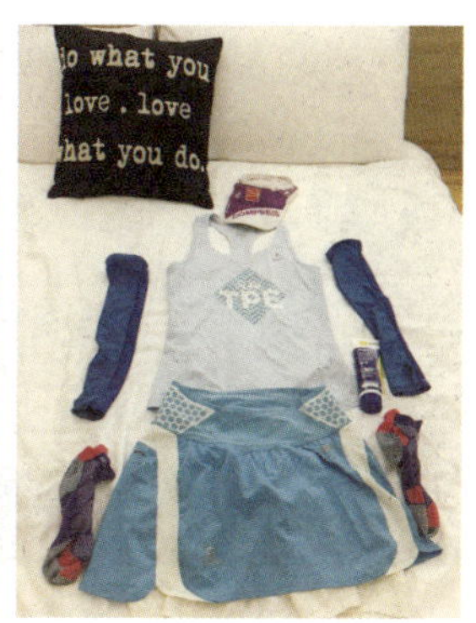

我准备了一件“We Run Taipei”的衣服跑台北。

报名资格：团队中其中两人需负责驾驶

见证朋友通过“Chi Running（气功跑步，又名太极跑）”的跑友会，参加台湾地区“夸父追日”二百二十千米环台北的接力跑，我才明白那种以十人团队不眠不休地一起完成二百二十千米的感动。

众所周知，成语“夸父追日”来源于古代神话故事，后人将夸父的事迹形容为：以坚毅的决心追逐被认为不可能之事，你可以说是不自量力，也可以说是无惧面对非常艰巨的任务，并将之实现或者完成。

我们也一样，虽力有不逮，未必能以一己之力不停地跑过二百千米，但合十人之力不断接力，日夜不停持续地跑，二十六小时后，我们就从宜兰跑到淡水了，当中经过三十八度烈日、滂沱的大雨、黑暗的隧道、高速公路、被狗追……所有

比赛当日，我们拿到团队的号码牌。

随行摄影师很专业，为了找到最佳角度，站在桥边取景！（危险动作，切勿模仿）

北台湾站“夸父追日”跑完成奖牌。

我与一班“ChiRunning”教练同行，跑、玩、吃遍台湾！

难关也一一共同渡过了。

两年前，“夸父追日”跑的发起人希望通过赛事将所筹得的善款帮助贫苦市民，也从中令参加者体验团体合作的重要性。“夸父追日”跑两年前只有十队参赛者，今年六月环北台湾站有八十队，即差不多八百人参与，现在它已成为游历台湾的新兴赛事。

不过，以“赛事”一词形容“夸父追日”跑其实不对，因为它并不具备竞赛性质。每位完成者均可获得完成牌及四分之一个台湾地图的牌，只要每三个月参加台湾北部、中部、南部和东部的“夸父追日”跨夜跑，而其团队于二十六小时内完成每次二百二十千米，就可以储齐四个台湾的完成牌，拼合成为完整的台湾地区地图。

和我同车的女子很健谈，我们从下飞机后自驾约三小时到达宜兰民宿。她跟我说：“我本身只懂游泳，一直认为在路上不停地跑很辛苦，因为一次偶然机会认识‘Chi Running’，通过大中华区总教练Jane和其他教练，才发觉改变自己的跑姿、呼吸、跑步的韵律可以有效改善那辛苦的感觉，我现在最多只跑过十千米，对于我一日内要接三棒，而每三棒七千米的‘夸父追日’跑，我其实蛮担心的，少说也有二十一千米呢！”因为害怕，她声音愈来愈小。“但我想我应该可以的……”她又说道。在她身旁驾着车的教练Jane一边看着前方的公路，一边听着学生诉说，脸上不禁泛起了欣慰的笑容。

星期五入夜，我们到达宜兰民宿，住进偌大的团体房间。我很久没有像在大学住宿舍时那样与人共享房间了，感觉好像回到从前。与别人共宿，当然需要互相体谅和包容，但想不到总教练没有任何架子，她主动说要睡沙发，让出床给我们，我真的很感动。

星期六开始“夸父追日”跑，虽然我们队的开跑时间为九点整（大会将队伍分流，以免人、车拥堵），但我们约定八点到达，故早上六点我们就要起床了。但星期五晚上我们还是忍不住要“扫街”（即到夜市去品尝每一档熟食），当中的虱目鱼泡饭、臭豆腐、当归鸭汤令人回味无穷，虱目鱼鲜味令人有种此程无憾的感觉，我所说的真的没有夸张！然后回到酒店，我们开“最后通牒”会议，安排车手、跑手棒次、夜跑装置等，而大会也容许大家晚上陪跑，这也令人安心一点。

我们一众人吃完台式早餐后出发到会场，兴致勃勃地为随行的车队彩绘。大会除了设有完成奖，亦设有汽车彩绘奖、团体造型奖等，玩的和跑的气氛浓厚，我们后来才发现原来车身的彩绘图案可令跑者在短时间内找到属于自己的车队。

我在头棒的体验跑已感吃力，要在完全无云无树荫的公路上不断地跑七千米，而我居然没想过要带水、钱或电话，导致我跑到五千米处就需要向别队要水。好在台湾人很亲切，有队友去当地的居民家里屋借用洗手间，他们也很欢迎呢！

我分别在三、五、六千米处向在旁的跑手问：“还有多少千米到下一站？”结果三个人都对我说“还有三千米”，我心想在香港跑山已经有很多骗子，想不到台北也到处有“美丽的谎言”！我一边喃喃自语一边跑下去，后来才知道我跑了两棒！

这让我下次再跑环台时一定要记得带电话，看大会提供的GPS地图！

星期六晚，我们在北垦丁的白沙湾海滨民宿接力睡觉，在跑第二十八至二十九棒前（全程三十棒），我于早上五点起床到外面走走，才发觉附近就是一望无际的沙滩，于是又跑了一段。

然后，接力时我再度看见蒸笼般的公路，不想跑也得跑，硬着头皮又跑了九千米，当中经过海边、陶艺馆、路边摊上的黑美人大西瓜、庄严的寺庙、漫长的公路，由于忘记戴防晒袖套，感觉十分热，我差不多跑两千米就要躲一躲，也不断追随着前方的跑手以防迷路。跑手们也会与对方互相说声“加油”，有的居民甚至从屋内出来喊“加油啊”，我也跑傻了，用广东话（或日语）答:“是！”。

到达接棒区，看见部分队员眼睛红红的。司机从早到晚地提供帮助非常辛苦，那种不计劳苦的默默付出，除了说声“多谢”之外，感动之情全在心中。跑者能够以双脚跑遍台湾地区，体验民生，跑到哪，吃到哪，还有什么遗憾呢！

如果热血的跑者想要跑环台，“夸父追日”跨夜接力赛就是很好的选择！我们就是不自量力，就爱追逐日光！台湾地区的东、南、西、北任我跑！我们要相信自己，一切皆有可能！

台北女子马拉松

没大志，完成炎夏的半马

台北女子半马拉松信息

比赛项目：半马拉松

报名月份：每年一月

比赛月份：每年四至六月

报名方法：网上报名

官方网站：www.nike.com/tw/

刚完成了台北女子半马拉松，怎么说好呢？从来没有一个比赛令我这么想停跑改用走的（当然，事实上，我没有走），因为实在太闷太炎热了！在六月盛夏跑半马，实在不是开玩笑。比赛前有许多跑友祝福我要破个人纪录，我说每次出国都要破个人纪录，不是很累吗？加上在三十度气温下，我不可能比秋冬天跑得更快啊！

与我同行的旅伴问我为什么是女子马拉松？我想了一想，分析说："因为女子被认为体力较逊。"这几十年间，尤其于波士顿马拉松，完跑者已有百分之四十五是女性。愈来愈多的女士为了各自的原因而起跑，加上女为悦己者容，花在置装上的金钱远超男士。商家为了拓展市场，运动品牌商赞助的女子马拉松比赛也就顺应而生。（但为什么没有男子马拉松？）

耐克（Nike）更与"Tiffany&Co."携手合作，每年于美国旧金山和日本名古屋举办女子马拉松比赛，完跑者获赠"Tiffany&Co."项链，令爱跑的女生趋之若鹜。但台北耐克女子半马拉松只有七千多人参加，完跑也没有赠送项链。即便如此，我于当地也遇到不少香港地区的女生，似乎去外地参加马拉松已经成为本地跑步圈子里的新兴消费习惯。

从市场学和心理学出发，不能不说，花钱去做自己喜欢做的事，是一种爱自己的证明。通过消费，以为或确实买到一种快乐，是试图证明给自己看，我能跑，也能玩儿！

然而，无论玩伴再多，在跑步当中，我们也是孤独的，却

不代表寂寞，如诗人拜伦所言："在孤独中，激起感情万千；在孤独中，我们不孤单。"沿途欣赏当地的建筑、文化遗产，或者看见一些马拉松初跑者很辛苦也坚持跑下去的样子，我就会很感动，不禁会对她们说："加油哦！"

很多人想 Sub2（在两小时以内完成半马）吧？至于我，我不会奢望在夏天可以做到，就当我是没大志的女生吧！哈哈！

（本文写于二〇一四年，完成台北女子半马拉松后）

贵阳国际马拉松（上）

贵阳的人文体验

贵阳国际马拉松信息

比赛项目：全马、半马

报名月份：每年五月

比赛月份：每年七月

报名方法：网上报名

官方网站：222.85.130.189:6001/

“天堂有路你不走，地狱无门你闯进来！”这是我参加为期六天的贵阳国际马拉松旅行的写照。小女子我跑资六年，一直避免回祖国参加马拉松，或许是被传媒的“报忧不报喜”影响，还是事实上的反映，什么马拉松沿途欠足够水站、大会以肥皂当蛋糕、因为空气污染而腰斩比赛等，然而，为什么还有许多跑者决意回祖国挑战呢？让小女子以亲身体验者的身份述说我第一个接触、属于祖国的贵阳国际马拉松吧！

在比赛几个月前，偶然加入了一个名为“三山五岳”的跑步小组，小组主要由一群即将退休或已退休的跑友组成，当中也包括我和几位同龄跑友。这种组合或许有点奇怪，但跑马拉松令我们距离拉近，而且小女子从小也与长辈相处不错，因此与年长的跑友也相谈甚欢，无话不谈，较容易融入其中，这次每天二十四小时地与他们相处六天，我更感受到老人家可贵，甚至可爱的一面。

堪称“中港通”的搞手赵 sir 和 Sandy 不嫌其烦地帮大家忙，着手订高铁票和安排去贵阳的行程，当我于大会网站输入了马拉松报名数据超过十次后，还是出现资料不符的情况，我才发现原来大小楷英文也会导致失败要从头再次输入，而且报名网站显示只可以用“支付宝”缴费呢！作为一个“国际性马拉松”，怎样也说不过去吧？问及身边不少跑友，也没有“支付宝”，后来终于千辛万苦找到一个常到淘宝网淘东西那位朋友的朋友（多迂回！）帮忙缴费。而网上登记最奇怪的是，没有任何电子邮件确认其申请成功，直到差不多要领取选手包了也没有任何通知，故今后如跑友们要参加大陆地区马拉松，在网上报名后，一定要将最后于荧光幕显示的那页拍照存盘，以求安心。

小女子所参加的是第二届贵阳国际马拉松，于七月下旬星期六上午七时半起跑，然而，世界各地的马拉松大多于星期日举行，对于星期六比赛，我们一众跑友虽摸不着头脑，但也奉行一定要于比赛前一两日到达酒店的习惯，以免行程、饮食、休息等方面有什么闪失，故我们星期五一早就从香港起程。

我第一次到深圳北的高铁站取预定车票，原来真的要“一眼关七”，因为有很多不太文明的人会插队，我和跑友们一行十二人分散于每个窗口排队，未到最后一刻也不知道谁排的队最快，因为常有人走上售票窗口说：“快误点（即迟到赶不及上车）了！”而插队。当他们一个一个地问我们可否让他们先拿票，我只有站着，把眼光放远处假装又聋又瞎不作回应。而另外一位跑友，用手指一指他身后的长长队伍，他操着不灵光的普通话答：“不要只问我，问后面所有人吧！”最终，我们成功以左右护驾、夹住跑友老赵所在的购票窗口，以免再被人插队，才成功取票！虽然我们在此行之前已预订好所有的票，但取票也花了约三十分钟，再加上高铁只提前十五分钟上车，所以上车前所花的时间，其实与乘飞机前所花时间的差不多，不过我们还是选择乘坐高铁，因为高铁没有像飞机要面对航空管制而导致延迟飞航的可能。

从深圳到贵阳的高铁以一小时一百四十五至二百四十五公里的速度行驶，车程大约五小时，车厢分开三等座，而我们则在二等座，车座位宽阔，干净漂亮，令我感到很惊讶，正当我为祖国现代化建设而感到安慰时，前后左右的乘客的谈话声音几乎把我震聋，我赶紧戴上入耳式音乐耳筒继续看书，后来才知道我同行的友人忍不住劝说他们小声一点。除了人为噪音，还有旁边乘客的衣

我于比赛前一天到达会场领取选手包。

想不到贵阳马拉松与东京马拉松一样，在会场内印满跑者的名字。

服的味道，我用手盖住鼻，心想闻着闻着就习惯了吧？跑友知悉后，他就从后走上来和我换了位置，我虽不是君子，但也要“慎其所处”啊！

到达湖边杨柳处的物资领取地，我吃惊地发现一顶防老化的大妈式运动帽子要九百多块钱，我咋舌了，自嘲身为一个港灿，实在买不起啊！

我一边排队等取物资，一边听见前面的队伍起哄吵架，什么等太久呀、什么没有纪念衣码数呀，等等，对于声音高并以丹田发声的大妈，我实在十分景仰，几时我亦可以不用麦克风也可让全场听见我的声音呢？跑马拉松的所需要丹田气和气度，我们实在要具备的！

说真的，其实我很欣赏大会在湖边放了一整排美丽的贵阳景色照片以及印有全部参赛者的帆布，虽然帆布很皱，边角也被风吹跌，但也可见其用心之举，我对祖国进步的感恩和安慰之情，默默涌上。

贵阳国际马拉松（下）

饮食、住宿与比赛

正当我在领取马拉松物资的会场，对祖国的进步深感安慰时，我们收到从跑友老赵所订好的酒店打来的电话，说酒店现在没电没水，问我们还要不要来？经验老到的老赵以迎合国情的大嗓音答："当然要！"

不知为何，当时小女子并没有特别的感觉，现回想起来也觉突兀，因为在这大热天，没电即无法开空调（冷气），这教我们如何睡……

然后，我们一行十二人到达那间在马拉松起点旁的酒店，发觉已有一群人在登记处吵闹，说什么订了房却没有房！原来除了机票有可能超订（overbook），连公寓或宾馆也有超订的情况发生，幸好我们是直接与酒店接洽，而非通过中介。因为网上的中介太多，中介只作预订而没有预支费用给酒店，因而订房存在不确定因素。后来那些叫嚷的人走了，而我们也陆续到房间安顿，电又突然有了。

由排队拿高铁票、车上遇“闻人”、到领物资和酒店经历的吵闹等，我精神上已筋疲力竭，但看见落日下的花草随风摇摆，我还是在高层露天的酒楼上一边喝着冰冻的“雪花”啤酒、一边呼出一口气来，终于可以松一口气了。

马拉松比赛前的饮食

话说在前，务必请认真跑马拉松的跑友，不要在比赛前喝啤酒，因为啤酒对筋腱和气的运行有不良影响，尤其在海拔逾千米的贵阳，在跑的过程中会呼吸不顺，此乃小女子和另一些嗜吃跑友的经验之谈。奉劝跑友在跑前以米饭、菜、鱼作主菜，避免吃太多的肉，有跑友就是因为吃了炒鲜鱿和东坡肉，到翌日跑马拉松时，还是有饱滞的感觉。

另外，我也建议大家自备吃惯的、容易储存的包装面包或蛋糕，由于小女子那次的计划是纯粹的旅游，不跑时间，没准备比赛当日的早餐，因此在比赛前夜还要和跑友四处找面包做

我与“三山五岳”的跑步小组合照。

几经波折，终于喝到一口啤酒，松一口气！

这是我回祖国跑的第一个马拉松。

我永不忘记在贵阳看过的美景。

早点，最后，我找到了一个很甜的奶油包，令不嗜甜的我吃得好辛苦，但也只好伴着水徐徐吞下去。

七时半起跑，其实八点多大太阳就出现，不过经过河边时微风送爽，令我不禁停下来细细欣赏水源淅沥往下流的景致，途中也跑经不少新旧建筑交替的有趣的景象，在高楼前竟是古代“飞天”的寺庙（飞天意指凌空飞舞的仙子），更有跑者打扮成古代的才子，穿起古装衣服跑呢！要说市民气氛热烈，贵阳马拉松的气氛虽不比东京马拉松，但却比台北地区或名古屋的马拉松还要好。所有马路被封锁，体现出地区政府的支持全力，而最令人惊讶的是，我发现内敛的市民也会向我们大叫加油！而且他们还会拿出“私物”水和小吃给参赛者，要说改变就在此刻！那刻我鼻子酸起来，这是多难能可贵的人文素质。

沿用仙姐所言“这里是大陆啊！很大的！”就是因为贵州之大，每年大会也于不同镇上举行马拉松。二〇一六年的贵阳国际马拉松就在乌当镇举行，当中有不少斜路，比较之下，比渣打马拉松和美津浓半马更难，除了斜坡，还因为在夏天和中度海拔下举行，我们团中的仙姐头痛得胀起来，有说她曾有高山症迹象，很危险。贵阳海拔约一千米，在花溪地更达七千米，跑友要小心头痛、没胃口或失眠的症状。犹记得我曾经到云南进行文化交流，到达三千多米的香格里拉，有同学患急性高山症要立即下降到低地，否则有生命危险。

二〇一六年的贵阳国际马拉松从十三公里开始有不少人相继倒下，救护的呜呜车声直到终点不绝，有女子面青唇白地坐着，有胖子被施心外压，也有人似乎中暑，我看见有五六个人出事，而全马的跑友则说有十多个。这是我参与过的马拉松中，出现不适的人最多的一次。希望大家不要忽视跑马拉松时有可能发生的意外，那次我发觉，危险不在于马拉松难不难跑，而在于你有没有做好足够的准备或你身体是否合适在高海拔下参加赛事，我们怎样也想不到跑一个十公里或半马，竟然可能会搞出人命。

后记

终点有免费按摩、冰冻西瓜、防恐袭警队和“typo完成奖牌”（Finisher串成了Finsher）等着我们，而我们与其他人一样，对贵阳马拉松的传单上印有殡仪馆的电话，表示“无法理解”。世界上有太多事我们不明白。或许我们要赋予别人及自己足够时间去理解和改善。

自从那次香港一百越野挑战赛突然下冰雹，我才真正亲身体验到生命无常。要再一次踏出属于自己的安全区域，就是让自己活出生命的考验。不断面对未知，不断训练自己，不断证明原来自己可以！

像那次我玩了六天全包的行程只需三千五百港元的费用，游山玩水、看双彩虹、全亚洲最大的瀑布，不是很吸引人吗？而我从中也逐渐明白一些跑友为什么喜欢“三山五岳”的中国马拉松，因为他们觉得中国是“自己的地方”，没有其他的皮肤颜色、不同语言等的种族歧视，据他们说是喜欢那种“自由的感觉”，能自己说、能自己走，不用靠旅行团、不用靠翻译的感觉。

我永不忘记：几百人挤拥在瀑布桥上看天然奇景双彩虹、进入奇幻钟乳岩石洞、游走几百万亩的稻田、叔叔阿姨围着篝火跳舞，以及在湖上吃河鲜的那种鲜味。过后，我常只会留下美好回忆，这是小女子忘记过去，积极努力向前的态度，怕总是会怕的，但我相信总会忘记一些，又记住了一些，继而再次踏上体验民情的中国马拉松！

西樵山二十四小时超马

遇见最真的你们

因为 Facebook 的“当年今日”，我于三年前跑步时拍下的一张照片突然浮现眼前，那时我已经独自一个人起跑三年，照片中没有任何人，只有映在地上的树影。现在回头看仍然很感动，因为今天的我，仍然有幸在大自然中跑着，没有忘记初衷，没有改变本质。每次孤独地跑，我都感受很深，内心总是很充实。现在跑了六年，身边发出不同声音的人日渐变多，有时候很令人烦厌。想要单纯为喜欢的东西而坚持，并不容易。不过如果我们想不计较成绩、人事、利益，一直跑的话，我们总会找到属于自己的方法。

早前，我为了支持数位跑友而去了在佛山西樵山举办的二十四小时马拉松赛事，因为跑手们说自己已带了所有需要的物资，而且一行有十多人，我便不客气地拿张车票就去支持了。在佛山国际影城中的古老建筑下，我作为支持队伍中的一员，并没有特别兴致去一一欣赏附近景致，因为一进入会场，我就立即了解我所负责的跑者的饮食和个人卫生所需，例如，每一千米一次的运动饮品、四小时一次的“amino acids”、三小时一次的四分之一个蛋糕或面包或以三匙运动补充粉加上七百五十毫升水等。“哎呀！糟糕，我是不是让你感到混乱？”特选跑手说，而我的回答则是：“……”

跑步有时可以很简单，但当持续跑步二十四小时，所要求的人与事物，突然变得很不一样，而且超马跑手所赋予此二十四小时的意义还很“长、阔、高、深”。

跑手需于一千米距离左右的跑道上不断绕圈跑，即是跑步界所称的“仓鼠跑”。说起“仓鼠跑”，许多比赛只有二十四小时那一种，而此西樵山超马却分六、十二、二十四小时三种比赛，亦邀请了不少来自世界各地如英国、意大利的精英跑手参赛，所以如果想要体验超马，又想与特邀国际级精英跑手同场竞技，此乃不错的选择。

因为于此二十四小时赛中，只要有三个男跑手跑过国际超马标准二百四十千米（或女跑手能跑二百二十千米或以上），比赛就可以被列为金牌赛事，为了下一年吸引更多来自世界各地的跑手。

在六月底的大热天，我感觉佛山差不多有三十五度以上。有些跑手竟头顶荷叶伞，伞的阴影可盖全身，果然是很好的策略。

我所支持的跑手对饮食不太有要求，令我也很轻松。二十一小时三十分钟支持超马跑友之最大挑战（因为我敌不过睡魔，睡了两个多小时）不是熬夜，而是火眼金睛般看着跑手多少分钟回返一次，并且于圈中认出自己所负责的跑手，向他们嘘寒问暖，问他们需要什么，如果能够使他们称心满意，我就可以舒一口气，可以休息最少五分钟。（因为他们约七分钟跑一圈）

比赛最后是一位英国选手以跑完二百二十一千米而夺冠，而中国香港地区的跑手辉哥以跑完二百一十七千米夺得亚军。于比赛最后三小时，辉哥从第三名追至第二名，对于他，我不得不说句“十分钦佩”，因为凌晨二点时（即在完赛前七小时）他只在前十名内，全素食的他一直吃蜜糖、蔗糖，之前他也没有指派特定的支持人员。辉哥很内敛，并没有像其他“明星跑手”

般有一群人围拥在身旁。他看见我在玩手机，便一边跑一边向我大叫：“我和第四名差多少？”，喊到最后竟然是：“我和第一名差多少！”气势这回事，只有在现场的人才明白那种又强势又好笑的情况！别人说是因为一万元人民币奖金的魔力，我想还有想扬眉吐气的因素在内，能够于跑道上不断追上世界级跑手，那种证明自己能力的快意，应该很不错吧！

我见证了辉哥从向来“沉默是金”的态度，渐渐转变得话多起来，而且脸上总算有点笑容了。他在比赛后被其他队员一左一右地搀扶着回到休息处，也与冠军 Daniel 相拥拍照，他们那种惺惺相惜的情谊很令人感动。Daniel Lawson 说：“You great manz!（你很厉害啊！）”，辉哥自豪地回应说：“差你四公里啊！”继而双双接受电视台访问，他俩看起来实在很温馨，在同一跑道上看见对方二百多次呢！怎能不亲切呢？

及后看见辉哥的脚趾在滴血（对！血是滴下来的），整个脚板底全是水泡，我实在不忍看下去了！置之于死地而后生，我亲眼目睹了素食跑手的强悍和忍耐力！

后来，一众跑手在台下等待颁奖，有一位台湾地区的代表在完赛后，走来与我身旁的队友聊了很久，一直说如果邀请队友于年尾到台湾地区参加被称为“超马甲子园”的东吴马拉松，就要尽全力争取好成绩。其实，我知道我的朋友不管怎样都会全力以赴地跑，只是这次在佛山三十六度的高温下发挥不出平时的成绩而已！每个运动员，就算是业余的，大多也具有专业运动员的精神，例如，不轻言放弃和准备充足。要说外面的人所施加给运动员的压力，说到底怎么都不会比运动员自己给自己的压力大。我们是业余的，不是精英，但我们对运动本身有兴趣，没有半点无可奈何或不情不愿，我们千里迢迢去参赛并不是为了玩儿。有时候，你可以对别人有期望，但请不要施加压力，大家心照不宣就可以了，否则听起来很无情。

我永远不会忘记眼前一个一个蜷缩睡倒在地上的超马跑手。我们何时会毫不顾忌倒地而睡？我们又何时会向别人大叫“给我蜜糖！”何时会跑至站在一边呕出水来，然后继续跑？又何时会对一个陌生人直呼“给我咖啡”“给我白饭”？何时可以有五个人同时替你按脚、洒水、按肩、呈递上食物？以上的一切和人，我会永永远远记住，而且会置身其中！让我们一起跑，好吗？跑道见！

以跑，心灵相遇

Scott Jurek：与超马之神的越野精神之旅

机会从来只是留给有准备的人。在得知世界级越野跑手Scott Jurek来中国香港地区为保育团体“The Nature Conversancy”筹款而参加“Moontrekker”越野比赛时，我立即发邮件给大会自荐要去帮忙。在争取机会，为偶像工作的时，我会不害羞地表现自己能干的一面。最后我获得了大会的信任，将Scott与本地传媒联络的任务交托给我。

一般跑友认识的素素，是跑步专栏作者，然而我也是市场营销品牌管理人，曾经涉猎银行、航空、酒业、运动的品牌管

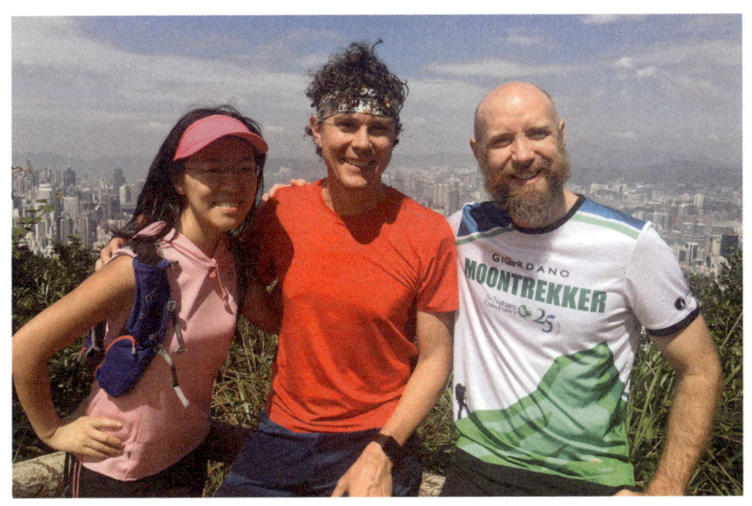

理。能够有幸采访偶像，于我而言，如踏进梦境一样。像前辈徐缘所言："Marketing 的作家写跑步，是对跑步这项运动最好的 Marketing。" 而我这三天与 Scott Jurek 的相处，令我感到与神级别的超马跑手谈跑步，是对跑步最好的 Marketing。

超马是意识上的挑战

Scott Jurek 被称为超马之神，于美国著名的恶水超马赛中两次夺冠，亦是美国二十四小时超马赛的纪录保持者。Scott 曾说过超马是"孤寂的旅程"，而恶水超马更令人难熬！他过去高血压、体质弱，通过坚持训练和全素的饮食后，他摇身一变成为最强悍的运动员。

之所以说强悍，是因为他于二〇一五年五月开始，连续跑了四十六天，而每天平均跑八十多千米，并以四十六天八小时七分的成绩跨越逾三千五百千米的阿巴拉契亚山径（Appalachian Trail），创下最新的纪录，比前人快三个多小时。（阿巴拉契亚山径海拔最高点为二千零二十五米，跨越北卡罗来纳州、田纳西州、新泽西州及佛蒙特州等，是美国三大步道之一。）

与 Scott 相处数天，他常说两句话："超马是意识上的挑战，而不是生理上的挑战。""我有的是两条腿……"令我想起他在二〇〇七年在美国硬石百英里耐力赛（Hardrock Hundred Miles Endurance Race）上，虽然他在中途扭伤足踝，但坚持不吃西药，通过天然消炎法忍痛继续比赛，负伤的他竟然打破新纪录。他说："失败的最佳借口就是'我受伤了'，不过我完全不会采用。"对于身为跑者的我而言，这句话实在是当头棒喝。

但超马之神也是平凡人，下面就让我们一一了解他是如何面对各种冒险旅程中的难题和黑暗的。

吃全素食的 Scott 的超马训练

被《国家地理杂志》誉为二〇一五年度冒险家的 Scott，从小在祖母家就对《国家地理杂志》上的地图和大自然的照片十分着迷。Scott 最为人津津乐道的是他从二〇一五年五月开始，用四十六天走完了一般人需要五个多月才能完成的"Appalachain Trail"。我问他，你下一个冒险目标是什么呢？他说："我跑步二十二年了，我希望通过自己传达'为目的而跑'

的理念，而这次来中国香港地区也是为保育团体筹款而跑。”

Scott在四十二岁的年龄，完成“Appalachian Trail”和两次夺得美国恶水超马冠军。从外表看，他看起来只有三十岁，永葆青春的秘密，除了心态，也莫过于一边吃全素，一边一星期跑二百多千米。

原来，我平均一个月的跑程，只是他一星期的脚程。他在训练高峰期，一星期跑六天，也会刻意连续跑两天长的训练课，而这两天平均距离会达五十至七十千米。另外的四天，他每天平均会跑十至二十千米，还要加上体能训练。

而全素的饮食，即除了不吃肉外，也不吃蛋、芝士和牛奶。Scott在自己的第一本畅销书《跑得过一切》中谈及，他从小习惯喝牛奶，在年轻打工时也吃快餐，和所有人一样。他后来跟从事微波炉销售的母亲学会了如何煮出健康菜式。Scott谈及初尝素食的感觉，说身体好像更加健康，精神亦然。如今Scott以自己作为全素超马运动员而自豪，并亲身推翻坊间所认为的“不吃肉，没有力”的谣言。

那天我们一边走在卫径二段，一边谈素食跑者、香港郊野混凝土化的问题。我说：“香港虽不太流行素食文化，但也有素食跑友会和不经过加工食品组织的定期活动。”Scott问：“你们吃素是因为信佛吗？”我说：“他们大部分没有宗教信仰，吃素的主要原因是不想杀生。”Scott对此很有兴趣：“很多人对动物蛋白质很崇尚，但其实一些植物也含有丰富的蛋白质，例如，螺旋藻和扁豆。不过当初我也是用一年的时间才慢慢转吃全素食的。”我问：“你觉得自己在改造吗？”他笑了笑。他一切都是这样的自然。自然地素食，自然地变得更强。

至于有关香港郊野混凝土化问题，他也有所听闻。他说这样的山径“不太自然”。身兼物理治疗师的他，建议我们用大型吹气球作身体平衡训练，又或者闭上眼以单脚交替做升降身体的动作来训练肌肉。

跑者的孤寂

在记者会上，当记者问及他如何训练、吃什么的时候，我也问 Scott：“我们既是跑者也是写作者，无论在跑步或是写作，当面对极致的黑暗和孤寂时，你会如何自处？”全场安静了两秒，然后 Scott 问：“你想我回答哪一样？”我挑起眉：“两样。”

然后，Scott 说超马其实是意识上的挑战，原来他和所有跑长距离的跑者一样：“我常想，为什么我要那样辛苦地去挑战？早上起床时我也会有所挣扎，可是每件事都有其意义。在跑到第三十多天的时候（Appalachian Trail），我也想过要放弃，但超马的精神主要是在于意识上而不是体能上，只要不断为自己注入正面能量和意义，就可以再次渡过难关！因为我想通过“Appalachain Trail”向我的太太和母亲致敬！我的太太为了生育，在生理上面对很大的挑战；而我也见证母亲在病床上完全

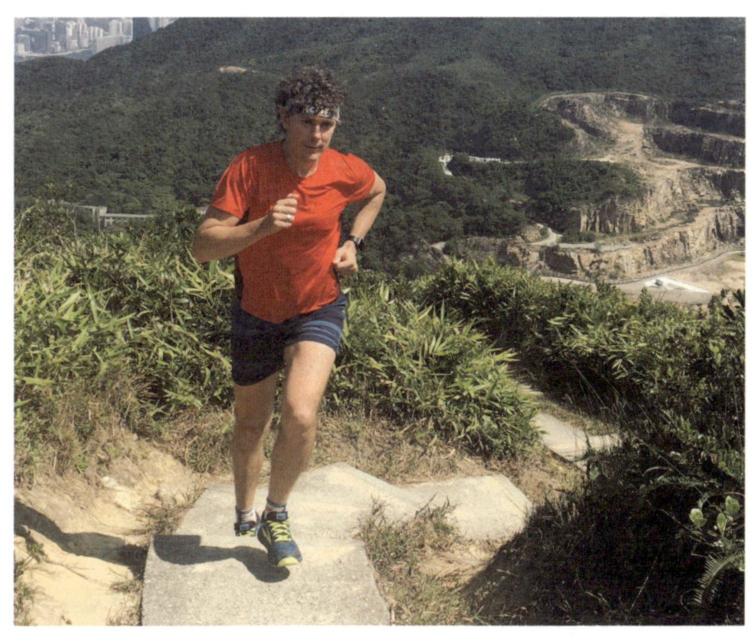

不能动，她却坚强面对，直到最后失去生命。每次想到她们，我就觉得既然我可以跑，可以生存，那我的苦又算什么呢？”（I can move, I can run and I am alive.）。

“至于写作，写不下去时我会站起来，离开书桌，做一些其他的事情，头脑清醒了，再回来！”Scott 坚定地说。

对了！就是这样！我回头看自己写书的七个月里，我放弃星期六日假期的中一天用来写作，也曾经一个字也写不出来。如果发觉失去当初的热情，就是应该站起来的时候，休息一下，再回来！像我对市场推广工作的那股热忱一样。离开就是为了再次回来。

后记

连续三天与 Scott Jurek 相处，深深感受到他很和蔼可亲、能言善道。每天早上八点多开始，他就被粉丝、记者、合作伙伴围着问这问那，他舟车劳顿，还不断地签名、不断地回答问题、不断地被拍照，但没有显露出丝毫不安或疲惫状态。我只看见过 Sxott 有一瞬间的茫然，就是当事先没有了解事态的记者问他：

“你还做菜给妈妈吃吗？”（Scott 妈妈已去世数年，他亦通过参加二〇一〇年恶水超马而走出黑暗）和“你参加过毅行者吗？”（Scott 是二〇〇一及二〇〇二年的香港毅行者冠军队伍，而在二〇〇二年更以十二小时四十七分的成绩打破了之前啹[illegible]兵[①]的纪录呢！）

再回顾世界级 CBS、CNN 甚至 iRunFar.com 与 Scott 的访问，真是令人感慨……

参考文献：

1.《跑得过一切》

2. iRunFar interview with Scott：https：//www.youtube.com/watch？ v=cpfacDbAltw

3. CBS interview with Scott：https：//www.youtube.com/watch？ v=_KSCcJFqUe8

① 即 Grukha 兵，指在英国军队中的尼泊尔族士兵。

陈家豪：阳光教练

我跑步六年，在前几年知道了如果想在跑步成绩上有所进步，就需要做肌肉训练、变速跑或间歇快跑等的定期练习，于是参加了不少由专业长跑教练执教的课程，其中包括苏凯男、仇季新、杨日鸿、陈家豪、姚洁贞等教练的课。有些朋友参加了李嘉伦和纪嘉文等教练的课。当然，每个长跑教练都持不同的跑步理念与不同的训练方式，要寻找一个与自己理念相近的教练，也不是一朝一夕的事。因为有些教练会将专注力集中在跑得快的人身上，而忽略了那些像我这样只想突破自己的成绩的普通人。

每次在运动场看见陈家豪教练的时候，他身边总是簇拥着一群小伙子，他们是家豪的学生、朋友，也是助教。家豪的个人魅力显而易见，他不是那种偏心的教练。他因材施教，热心、幽默，还加入一些其他教练所没有的训练元素，比如，尝试去了解你近期要参加的比赛、你的伤痛和你的跑步的理念。

每次看见他和助教休息时，他们互相帮对方按摩和拉筋，我会从中感受到那种强烈的兄弟情谊！人际关系的互动从来都不易，从数年前他成立乐家会，到这几年来锲而不舍地训练自己，并包办许多个人和组别赛事的奖项，每天又要训练学生，他不觉得累吗？但看到他总是精力充沛，笑容满面，还会大喊我们的名字，并说“加油！”他就是有这种令人佩服的能耐和阳光的性格。我相信你一定能闯出名头！你是青年人的典范，也是年轻运动员所追逐的目标！

祝愿家豪的努力有所回报！

施 sir：“癫傻”一百八十千米。再不疯狂便老了！

在特殊学校教书，一定要具备无比的耐性，才能持续地做下去。许多人可能早已嫌其沉闷，甚至放弃。因为无论在心态上还是在体格上，教育需要有坚强的意志才能够继续做下去，就像跑马拉松或毅行一百千米一样。

施 Sir 作为自闭症学生的老师，为了让学生们明白，再难完成的事，如果有一帮朋友互相扶持，也一定可以解决。他这几年带领学生行走毅行一百千米的山路。有一次，我在起点笑着问：“施 sir，你的目标是用多少时间？”“四十八小时！”他

微笑着在学生面前回答。四十八小时是大会所规定的用时，那一刻，我感受到他让学生不要有压力的苦心。施sir是前几年香港一百六十八千米比赛中少数跑完的香港人，他更挑战自己，用了二十四小时三十分钟跑完了一百八十千米！

三月一日至二日，我们一行九十多个跑友，参加了施sir自发组织的“癫傻”一百八十千米的活动。我们由三月一日早上七点开始，从青衣跑到尖沙咀、马鞍山、西贡、粉岭、元朗，再回到青衣，用时共二十四小时三十分钟，即到三月二日早上七点半才跑完。但只有施sir走完一百八十千米，其他的师兄则跑了五十至九十多千米后接力支持。

我从第一站青衣跑至尖沙咀约十五千米，及尾站深井至青衣约九千米，我一共才陪跑了二十四千米，也已经叫苦连天，他是如何常常独自跑完一百多千米的呢？

如此长跑盛事，我被邀请参与，实在感到幸运。我相信许多跑友，对跑二百千米以上的挑战十分有兴趣，所以我很希望为此活动作记录和宣传一下。

跑这样的长途，要吃许多能量补充剂，要换鞋，换衣服，但施 Sir 什么都没做，全身衣饰没有更换过，更没有吃什么能量啫喱，只吃米饭、喝水和牛奶。我在头三站怎么追也追不上他们，因为他们每五分多钟跑一千米。有朋友与我相约凌晨四点到深井等施 sir，与他跑最后的九千米。那位朋友一直不相信施 sir 可以完成一百八十千米，所以不断发信息问我，活动是否仍然继续，我说当然。那一刻我才发现，原来我对施 sir 充满信心。有一些人就是能够让你对他信心满满，可靠得让你相信他能坚持到最后，不是吗？

我们凌晨两三点到深井追随施 Sir 跑至终点青衣，原来许多师兄师姐和我一样，从未试过在清晨跑青山公路，在途中我们十多人并没有说话。我们跑进大雾迷离、又长又斜的路上，就像人生，我们未必看清楚前路，也许并不明白为什么要走上这条路，但我们既然共同上路了，就要一直走下去！我们用心、用行动去证明对施 sir 坚毅信念的支持，像电影中的“Forrest Gump”，不为什么而跑，只为想跑而跑。活动名称叫“癫傻”一百八十千米，在别人眼中可能是不可思议的任务，但对施 Sir 而言，只是比平时独自跑一百一十千米，多跑了七十千米罢了！

一些不太认识施 sir 的跑友，在第一百七十千米处与我们会合时，瞪大眼看着施 sir 的眼神，像看见怪物一样，还拉我到一边问:“他真的已跑了一百七十多千米?”我不禁捧腹大笑!

终于到达终点，我问施sir有什么感觉?他说有点疲倦，腿部肌肉有点紧，他气也没大喘一口，像是由别人跑完一个全马一样!

问施sir最难忘的地方是在哪部分呢?他说是郊野深涌段，因为那里的野狗没有人管，每次练习时都怕它们追着他，但这次因为有十多个人一起跑，野狗看见人多，反而转身离开。有师兄在旁说:“我瞪眼对着它们，它们就走了。”想起人狗对峙的情景，大家忍不住大笑起来。

回看照片，每一个地方都有十多个跑友加入支持施sir，高峰站有三十几个人一起跑，相信大家也为能够见证此创举或挑战自己的极限而感到兴奋。许多人与施Sir素未谋面，但必定一见如故，因为我们都是癫癫傻傻，爱在任何天气、地方、时间长途跑的人，八至十千米已经不够过瘾!来!跑过几十千米才睡得安稳!哈哈!

二〇一七年，癫傻，二百四十千米见!

Gary Lui(AustSports Association 创办人）：铁人路上的爱与恨

路跑和越野跑赛季于每年三月后暂告一段落，虽说一年三百六十五天都可以跑步，但如果你会游泳或骑自行车，在夏天就可以尝试两项或三项铁人训练，让身体不同部位的肌肉得到锻炼。另外，心肺功能、背部和腰部的肌肉，通过游泳和骑车，也可获得更全面的训练。

Gary Lui——现任 AustSports Association 总教练。我对于他的印象，像他的专业一样，热情、阳光、守纪律。他曾是著名

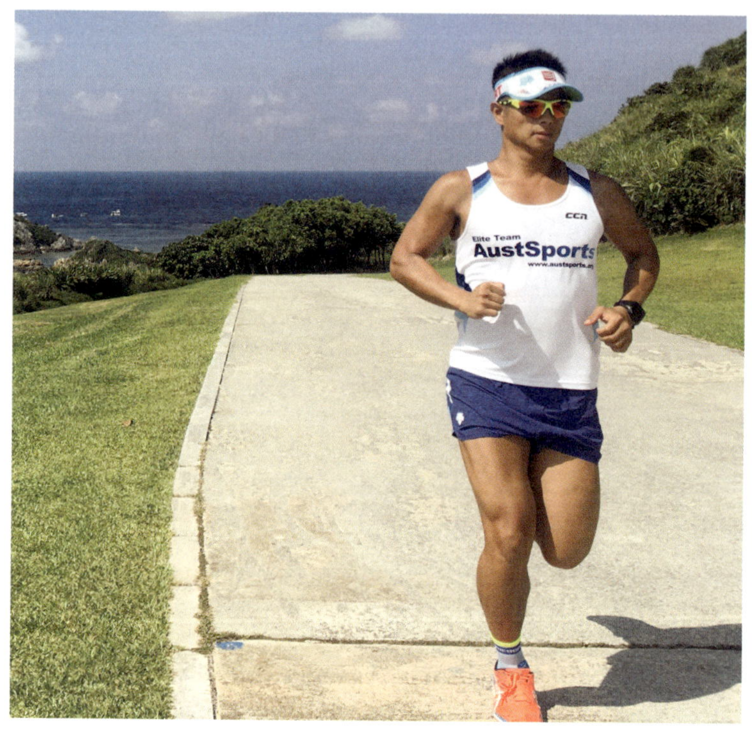

的澳洲堪培拉省队的学生，因受当时教练提拔而成为该队的副教练。回到香港地区后，他成立了“AustSports”三项铁人会，凭借他的努力，该会成为香港两间最大规模的三项铁人注册团体之一。Gary 从澳洲引进最新的运动训练方法，并通过不同的训练和比赛，为香港地区发掘不同年龄段的有潜质的运动员。近年他培养了不少青少年，并赢得了许多青年组的奖项。找到一个合适的教练，比获得多个比赛奖项更令人雀跃！

Gary 打开话匣子后很健谈。无论在身形上，还是在其他各项条件上皆十分卓越的Gary，回香港后，事业刚刚起步。在面对总会的政治压力、家人的疑问和比赛时低潮突然来袭时，他是如何应对，并将难题逐一解决的呢？

“酱缸里的中国人”总喜欢花时间和心思内斗，面对三铁体坛小圈子和投诉文化的困扰，Gary遇上了事业中的低潮期。曾因前港队身份，豁免修读注册教练预备班的Gary，于二〇一三年修完国际教练课程。但他负责发展的小组收到匿名投诉，指出他欠缺港队经验，要求他补充资料，才肯承认其注册教练的资格。

“当时没有与刚生产的太太Kristin说太多有关这件事的原委。只能自己一步步地分析如何解决，我相信运动和信仰给予我冷静和坚信事情终可解决的力量。最后获得身边的教练、学生和朋友的支持，事情终于摆平。然而那种不愉快的感觉，至今仍然清晰。”

Gary完成澳洲铁人赛后说：“比赛最辛苦的是水土不服……在骑自行车的时候呕吐大作，及后在马拉松中段再呕吐，我提醒自己一定要补充水分和吃东西。为了这场比赛，我持续训练，绝不能因一时的懦弱，而失去打破个人纪录的难得机会！”最终Gary以十一小时五十七分五十秒的成绩完成澳洲铁人赛事。

成功男人背后一定有一个温婉娴淑、体贴的女人，在外不断打拼的Gary，他背后的女人是怎样的呢？Gary与太太

Kristin 青梅竹马，从澳洲到中国香港、从大学时代到教练事业，Kristin 都十分支持 Gary，他们身无长物，从澳洲回来打拼天下，刚开始时两口子和双方父母都忧心忡忡，但通过互相沟通和了解，最后大家一起面对生活上的各种困难。

稍微了解铁人三项生活的节奏，就明白何谓“铁人”。他们要一大早在车辆稀少的马路上练习骑自行车，晚上则要训练学生，可以陪伴太太与儿女的黄金时间就是中午至下午，或是在夜阑人静的午夜。然而，太太仍然无怨无悔地把家打理得妥妥帖帖。每当我看见 Gary 谈及太太时那温柔和歉疚的眼神，就能够明白两口子如何为了运动、家庭和对方而互相扶持，一起牵手在全职铁人训练事业的道路上前进。

其实，爱一种运动和爱一个人一样，你会愿意每天付出时间默默努力地做同一件事，或者关心同一个人。Gary 的太太 Kristin 令我明白了那尽在不言中的爱。他们那细水长流、默默付出的感情实在令人向往，谁不曾被五光十色的生活所迷惑？但作为深爱三铁训练事业的 Gary，最重要的，还是克己的生活态度，为自己所爱的人与事，适当地分配好有限的时间。这是对自己和别人的体谅，也让自己不会因为过多的训练，而将值得关爱的人与事放在一旁。

铁人的心需要长养，就让我们一起成长吧！

Healthy Wong(Foodsport 膳动衡创办人): 以跑步去关爱

“为理想而奋斗”，只看字面，很热血。但当你要去辛苦地实践一年、两年，甚至自己一个人长年累月地去推行这种理念时，当面对家人和朋友带来的压力，碰到面目可憎或冷嘲热讽的人，面对那种孤独的感觉，究竟有多少人能够坚持下去呢?

Foodsport 膳动衡创办人 Healthy 是前香港曲棍球队成员。数年前，当他正快要晋升东亚运动会比赛时，常负重由上环至柴湾来回跑以训练身体的耐力，而最后因练习过分而拉伤肌肉，失去了代表香港地区参加东亚运动会的机会。痛苦失意是一定的，他每次想起也会感到抑郁。但后来Healthy凭借自己的信仰和个人意志，走出沉郁，从另一个角度去享受运动的快乐，并通过活动帮助别人。不过，与其说他是帮助别人，不如说也是帮助自己。

“事情发展至今，我信主在带领我体验另一种运动的快乐。”Healthy坚定地说。由他一手创立的Foodsport膳动衡，近年来备受跑友、传媒的关注，其活动理念是每次跑手跑约七千米，然后根据各自的身高、年龄、体重去推算跑步中所消耗的卡路里能量，再由慈善组织寻找食物赞助商捐出相当于其卡路里总量的食物予社会上有需要的人士。

“最令我感动的是，能够影响身边原本从来不做运动的人开始跑步。看见每次活动都有新朋友参与，我就知道自己做对了！”Healthy兴奋地说，他的脸上布满阳光般的笑容。

许多跑步教练都非常支持Healthy的理念，如香港十五千米及半马纪录保持者及乐家跑友会总教练陈家豪，奥运马拉松香港地区代表姚洁贞，前三铁港队成员、现任中大运动管理讲师李致和，前国家队女子马拉松、现任屈臣氏田径队教练王春荣等教练。大家都希望在推广大众对跑步的热爱之余，也可以共襄善举。

适逢香港马拉松比赛开始前，Healthy 带领一班莘莘学子，向各专业教练请教长跑之道。另外，各运动品牌的赞助商也开始增加，希望大家比赛沿途上看见身穿“Foodsport”跑衣的跑友，也为他们加油！

Vivien Cheng（“绿惜地球”小区协作总监）：环保事业的大女子

早前我认识了环保分子、“绿惜地球”的其中一员 Vivien Cheng，我觉得她的体能及精神简直让人匪夷所思。

那是因为她在走完二十七个多小时的一百千米乐施毅行者后，当其他人还在草地上发呆或睡觉之际，她连全湿的运动服都还未换掉，就精力充沛地到终点处，聆听环保义工的意见及检测场内回收垃圾，塑料瓶和纸张的情况。

我帮她的队伍登记完证书回来后，就不见她了，我问其中

一个毅行队员，他对我说："有垃圾桶的地方就会看见她，你去看看吧。"他的手向垃圾桶、回收筒的方向挥了挥，就继续坐在草地上发呆，而另一个队员已经呈"大"字型躺在草地上睡着了。

翌日，她还一早到荃湾城门水塘收拾回收桶及安排处置垃圾。下午又要出席朱凯迪电子垃圾回收研讨会，我作为支持队中的一员，已觉全身酸痛，不禁赞叹她的伟大精神和无限体力！

其实在二〇一六年度的毅行者活动中，她与所属的环保机构"绿惜地球"更大力推行环保，建议大会让参加者使用自带的杯子，减少毅行者每年所消耗的五万个以上的塑料杯。

虽然我们没有像 Vivien Cheng 那么伟大，以自己的生命和事业去坚持推行环保，但希望我们跑步界的人能以身作则踏出第一步，一起用行动来支持，在郊野中带走自己的垃圾，在跑步比赛中自备饮用杯，实行源头减废及分类回收等。虽然我们不是政坛或环保界的大人物，但我们仍然有能力影响身边的人。例如，像“绿惜地球”的大女子 Vivien Cheng 一样，使身边朋友的环保意识加强，已经是对地球的一大贡献！大家要一起守护自己的家园啊！

亚必：从跑者的创伤后遗症，体味难得的幸福

完成了“冰封”香港一百千米越野赛，我于翌日的晚上，还是会因梦见其恶劣环境和沿途参赛者一边跌倒一边呼叫的情景而惊醒。这样的午夜梦回，我当然很难睡得好。然而我的创伤后遗症状，却不比冻伤十指的朋友亚必严重。台湾地区的跑手亚必，由于欠缺在港的医疗保障，住医院数小时费用过千，我与其他跑友讨论时才发现，原来因竞赛和不可抗力的情况而产生的伤，保险是不包括在医疗保障内的。

我和亚必在台北吃炉端烧，火烧到他的手指，他说没有感

觉了。他包着十指，就连在智能手机上也不能打字，只能用录音。他原本满脸阳光般的精神没有了，脸庞上就只有不安和担心的情绪，小伙子何其可怜啊！我问："当你十指再次有感觉的时候，你会有什么感受？"他歪着头深思后答："十指应该会很痛，但心会感到很安慰，也会松一口气吧。"

另一位在马拉松后扭伤的朋友，住院两星期，医生说还要一个月才可拆石膏和练习走路，在这六星期内，双脚肌肉发展不平均，无论跑姿和身体平衡皆需要重新学习，从零开始。

我问极地跑者陈彦博，如果他在北极因为冻坏指头而截肢，他会继续跑步吗？"我只会认为是这次自己预备不足，下一次一定会做得更好！"看着他极为认真和深邃的眼神，我仿佛看见他过去的经历，我知道他不是背台词，而是从心底发出的感想。运动员坚定的眼神总有一股哲人般的魅力。

我们虽不是全职跑手，但也是每星期最少跑三次的业余运动员，遇上因为运动创伤而停跑，甚至连日常生活都有障碍，却是始料不及的状况。我们要么走出黑暗，要么湮没于失望的汪洋中。运动创伤的悲切，让我们明白可以跑可以跳，原来是难得的幸福。

阿 Kim ／加力首领：致无私的业余赛跑策划人

我曾是航空、酒精和运动用品的市场推广人员，有不少机会接触非牟利或慈善机构的赞助申请，无论是运动比赛、音乐会，还是电视节目等。虽然我一向明白此类活动的运营，最后很少能够收支平衡，原因包括：项目的受欢迎程度、策划人的人际关系网络、是否能吸引赞助商支持等。当然，所涉及的原因还有很多。

我有机会看见一个私房赛（即只有跑友圈内的朋友参与）的策划人在赛前赛后劳心出力，还要垫支经费，然而到最后那

些钱竟然无法赚回。看着那支出与收入的列表，我不禁纳闷起来。我明白大家只想开开心心做运动，甚至比赛策划人也不介意付出那些钱，但收支不平衡的问题也不禁令我深思对他们而言举办运动比赛的意义。

那是一个小型的、少于一百人参加的赛事，几位策划人和义工已经于赛事前花了不少时间设计路线，还制作了精美的定向地图。比赛当日，一众义工和策划人在三十四度高温和没有树荫的屯门虎地山上，一起背着二十多瓶水、电子计分仪器、路标等在挂比赛路标。作为一个成功的活动策划人和团体“首领”，在活动前要激励人心实在必不可少，记得那“首领”说：“好！让我们办个开心的赛事给兄弟姐妹玩儿！”我想，那就是他劳心劳力、出钱出力的原因。

“你无法想象有那么多香港人是如此热心。他们不以此当作一份工作来做，却以兴趣和热情来服务人群。”民众安全服务队队长 Dr. Lee 在高分猛龙慈善跑庆功宴中谈及，大部分民众安全服务队人员都是业余人士，却以极为专业的态度去服务人群的。现在许多比赛也需要出动民众安全服务队准备救援，要在高温或下冰雹等极端天气下拯救别人，并不是“出一份粮”那么简单，而是需要那种热血来成就的。

看到一些比较大型的慈善跑步活动，无法想象那家公司原来只有两三个员工，要不是主管例如猛龙队的阿 Kim（盲人注册社工，一九九九年香港十大杰出青年）那强大的凝聚力和领导才能，加上各界人士的踊跃支持，我想逾千人的跑步比赛难以成功地举办至第三年。阿 Kim 脸上是阳光般温暖的笑容，他转过头来对我说：“素素，我真的很开心，我不知道自己何德何能，可以令这活动圆满举行，我真的很感恩，很多谢你的支持！”我不禁对他说：“你搞得很好！要继续努力啊！”

然而并不是每个赛事都尽如人意。“要开办跑步比赛不难，但要找赞助商以钱和礼品赞助，就要使他们相信比赛能够使他们的品牌增加有效的曝光率，甚至增加其产品的销售量。可是这些形而上的品牌形象的强化，乃至于利润，却不是一时三刻就可以实现的，所以一般品牌的主管都采取比较保守的态度支持运动比赛。”举办跑步比赛的业内人士说。

另一位业内人士对我说:“你知道外国的赛事的参赛费动辄都要二三百元美金吗?香港地区的比赛要办得有规模,除了经费欠缺,有经验的人才也很缺乏啊!”对于人才缺乏,作为跑手的我们,当然也很明白,因为我们常常也批评别人。然而,如何举办赛事才算成功呢?我们作为跑者也只是常提一些片面的意见,比如,义工人数不够、香蕉半生不熟、面包太干,甚至速食汤放太多味精……我们什么都可以批评,就因为我们花费了百元参加比赛?

要学会对别人的付出感恩,了解别人所面对的困难,我们还需要多一点时间。

叶伯：未开的花，未跑的路

在这世界上，有多少人可以一辈子持续做同一件事，直至老，直至死？拾村上春树先生的牙慧，每天做同一件事，就连“刮胡子刀片也有其哲理”，更何况跑步？而叶伦明前辈（人称叶伯），更是鲜有的跑至八旬年华的跑者。他享年九十三岁，于二〇一四年年底逝世。而几位与叶伯交好的跑友于翌年四月自发举办了叶伦明纪念杯比赛，召集有心人在叶伯常练跑的宝云道跑七千米，而完跑者皆获得一个有叶伯头像的纪念章，看着那带着慈祥微笑的头像，我心里不由得抽泣了……

叶伯于一九四九年乘坐客轮“太平轮号”从上海前往台湾地区，客轮意外沉没，造成千人遇难，而叶伯是此海难中五十多个生还者之一。及后，叶伯以终生跑步去纪念海难中死去的朋友。

一个拥有坚定信念的人，不但在生前影响众人，更于死后使其理念不断流传。信念就像内心里一棵未开的花，而叶伯的“种子”撒在我们心上，如果我的心养分足够，假以时日，就能开出一朵从来没有期待会开的花。持续跑步如是，坚毅的人生亦如是。

许多跑友因为叶伯，也豪迈地说：“我也要一直跑到死为止！”其实要“跑到死”需要一种平衡的艺术，因为许多跑者太爱跑步，拿捏不准什么是对自己好或不好的跑步习惯，有时会因跑步太上瘾导致跑得太多而受伤，那又怎能如叶伯般跑到八十多岁呢？动辄每次跑二十千米或每三至四分钟跑一千米的人，身体又如何支撑到比赛时发挥出最佳的表现和成绩呢？

我记得长跑教练常说：“高水平练习和受伤就只差一线。”虽然每个人的“那条线”都不一样，但若我们一直保持在高密度训练中，比赛成绩却不比从前，或当身体亮起红灯，我们就要寻求专业意见。“休息也是训练之重要一项。”长跑教练如是说。

叶伯在我们心上种下了长跑的“种子”，而我们还有许多未跑的路。八十岁很漫长，满怀炽热之情的跑者们要爱护自己才能跑至白发苍苍啊！

后记

中国传统文化的“中庸之道”理念，是我笔名素素（so–so）的由来。我常说，自己只是一个比上不足、比下有余的小女子。中学时代，我有幸进入名校保良局百周年李兆忠纪念中学读书，成绩却一直处于中下游。虽然成绩普通，但我对中文课甚是喜爱，全因中文科老师杨宏通的鼓励，我在中学时期才有幸参加征文比赛并获得优异成绩，因而开始对自己有了一点信心。

虽然我没有过人的成绩，也不是中文系毕业，却有比一般人细致的感受，也比很多人更珍惜人与人之间的关系。感谢出版的赏识，让我能够呈现自己最真实的一面，而非单纯迁就大众的口味而写作。多谢编辑部 Danny 及 Rain、负责装帧设计的 Viann，亦感激好友 Charmaine Kwan 义务为我拍摄本书封面照，及为此书给予意见的 Charles Mak。

我的专业是市场推广及宣传，因此明白就算市场现正流行什么，也不代表他们知悉自己有可能更喜欢什么，多谢香港城市大学市场学导师 Alex Tham 的启发。我能够勇敢作先锋，走出一条别人尚未尝试的“跑步小品文”之路，就是三年前被这群人提拔开始，多谢《am730》社长、编辑和关注我社交网络中的文章而提拔我的你们，多谢 Alan，Anthony 及 Bernard，《体路》的 Carrie，《运动笔记》的 Elton，Fitz.hk 的 Eric，Sportihealth 的 Tweety，Jonathan 及 Samson，GoOut Magazine 的 Kenneth、Even、James、Move Magazine 的 James、Runner's World 的 Lawrence，Polly，Kat。

感激一直与我分享和分析的好友 Viola Lo，Norman Man，Florence Tse，Vivien Cheng，Iris Cheung，Jane Tse，同时也感谢我的二十多位朋友、教练、工作伙伴，你们每一位对我而言皆有举足轻重的影响力。特别是猛龙队 Kim Mok，在新书制作的后期，我们正处于慈善筹款晚会筹备工作的高峰期，你的聆听和我们在信仰上取得的安慰，令我处事更有效率。

我也十分感激家人的支持，虽然他们时常怀疑我是否“撞邪”，不知道为什么对跑步及写作那么热情，在我跑了二十几个小时的山路后，他们会问：“你一点也不累吗？”但当我知道母亲阅读过我每一篇文章，并以我为荣的时候，我不禁鼻酸了。

最后，我十分感激与我心灵相通的你们——我的所有读者。更令我振奋的是：能影响原本不跑的人开始培养跑步的习惯，这是我认为的最有价值和意义的回馈。我看重的不是金钱、不是利益、不是权势，而是你们每一位，你们是我最珍贵的见证，是我的珍宝，因为你们与我一同在这人生的跑道上，挑战自己原本认为不可能完成的任务！我们相信，所以看见，而非看见后才相信！

就让时间证明我对所爱的坚持，不论写作还是跑步。